Friedhelm Decher

Die rosarote Brille

Am besten lesen. **Am besten lesen.** *Am besten lesen.*

LAMBERT SCHNEIDER

Friedhelm Decher

Die rosarote Brille

Warum unsere Wahrnehmung von der Welt trügt

3. Auflage

Am besten lesen.   *Am besten lesen.*   *Am besten lesen.*

Einbandgestaltung: Peter Lohse, Heppenheim
Einbandabbildung: A blonde lady wearing a carneval mask.
© picture-alliance / Lehtikuva

Die Deutsche Nationalbibliothek verzeichnet diese Publikation
in der Deutschen Nationalbibliografie;
detaillierte bibliografische Daten sind im Internet über
http://dnb.d-nb.de abrufbar.

Das Werk ist in allen seinen Teilen urheberrechtlich geschützt.
Jede Verwertung ist ohne Zustimmung des Verlags unzulässig.
Das gilt insbesondere für Vervielfältigungen,
Übersetzungen, Mikroverfilmungen und die Einspeicherung in
und Verarbeitung durch elektronische Systeme.

Der Lambert Schneider Verlag ist ein Imprint der WBG (Wissenschaftliche Buchgesellschaft), Darmstadt
3., unveränderte Auflage 2013
© 2010 by Lambert Schneider Verlag, Darmstadt
Die Herausgabe dieses Werks wurde durch
die Vereinsmitglieder der WBG ermöglicht.
Redaktion: Barbara Groß, Münster
Gedruckt auf säurefreiem und alterungsbeständigem Papier
Printed in Germany

Besuchen Sie uns im Internet: www.lambert-schneider-verlag.de

ISBN 978-3-650-25606-5

Elektronisch sind folgende Ausgaben erhältlich:
eBook (PDF): 978-3-650-73357-3
eBook (epub): 978-3-650-73358-0

Inhalt

Einleitung 9

Wie wir uns täuschen und manipulieren lassen:
Illusionen, Effekte und Prinzipien

Wahrnehmungswelten – oder:
Wie unser Bild von der Welt entsteht 19
    Wahrnehmungstäuschungen 19
    Die Perspektivität, Selektivität und Konstruktivität der
    Wahrnehmung 26

Kognitionswelten – oder:
Wie wir uns selbst manipulieren 36
    Die Illusion der Unverwundbarkeit 36
    Die Illusion der Überdurchschnittlichkeit 41
    Die Kunst, sich selbst ungewollt zu manipulieren:
    Selbsterfüllende Prophezeiungen 44
    Einig mit sich selbst: Kognitive Dissonanz und Konsonanz-
    streben 49
    Der nur zu willige Geist: Das Zimbardo-Experiment 53
    Die narrative Inversion: Wie das Gedächtnis sich selbst
    betrügt 57
    Subliminale Botschaften – unbewusste Informations-
    verarbeitung – Priming- und Pygmalion-Effekt 62

Kommunikationswelten – oder:
Wie wir mit Worten handeln 70
   Sprache, Vernunft, Gesellschaft: Aristoteles 70
   Die Grundstruktur kommunikativer Vorgänge 72
   Die Darstellungs-, Ausdrucks- und Appellfunktion
      der Sprache: Karl Bühler 74
   Die vier Seiten einer Nachricht: Friedemann Schulz
      von Thun 75
   Kommunikationsgrundsätze und Doppelbindung:
      Paul Watzlawick und Gregory Bateson 78

Sozialpsychologische Welten – oder:
Wie wir von anderen beeinflusst werden 83
   Ankerpunkt und Ankerfalle 83
   Der Konformitätsdruck in der Gruppe:
      Die Asch-Experimente 86
   Das Prinzip der sozialen Bestätigung oder Bewährtheit . . . 90
   Gefärbte Wahlmöglichkeiten und Beschwichtigungsstrategien 93
   Der Menschen Hörigkeit: Das Milgram-Experiment 97

Warum wir uns täuschen und manipulieren lassen:
Anthropologische und philosophische Erklärungsansätze

Die anthropologische Grundsituation 107
   Weltoffenheit und Instinktreduktion als Voraussetzungen
      unserer Manipulierbarkeit 107
   Die Tradierung von Weltbildern und Irrtümern durch die
      Sprache 115

Die Perspektivität und theoretische Vorprägung
unserer Vorstellungen und Erkenntnisse 123
   „Point de vue" – Perspektivität der Vorstellung:
      Gottfried Wilhelm Leibniz 123

Inhalt   7

Perspektivische Weltdeutung: Friedrich Nietzsche   125
Antizipierende Theorien in unserer Wahrnehmung und
   Erkenntnis: Karl R. Popper   133
Ein Beispiel von Paul Watzlawick   140

Wille und Intellekt   143
Vorstellen und Wollen: René Descartes   143
Von den „Vorurteilsgötzen", die sich des menschlichen
   Geistes bemächtigen: Francis Bacon   149
Der Intellekt als Werkzeug unbewusster Willensregungen:
   Arthur Schopenhauer   154
Von lebensdienlichen Irrtümern und dem Willen des
   Geistes, sich täuschen zu lassen: Friedrich Nietzsche . . .   163
Wahrnehmungsverweigerung und Nichtbeachtung des
   Realen: Clément Rosset   168

Innensteuerung durch Moral   172
Gewissen, Scham und Schuldgefühle   172
„Ohne Grund macht niemand ein Geschenk":
   Die Reziprozitätsnorm   176

Resümee   183

Anmerkungen   187

Literaturverzeichnis   193

Abbildungsnachweis   199

Personenregister   201

Einleitung

„Der Geist ist willig und das Fleisch ist schwach" behauptet eine gern zitierte, der Bibel entlehnte Sentenz. Doch ist dem tatsächlich so? Verhält es sich nicht eher umgekehrt? Ist nicht oft das Fleisch willig und der Geist schwach? Sind wir Menschen wirklich so autonom, wie wir gerne glauben? Sind wir nicht vielmehr durch Manipulationen der unterschiedlichsten Art getäuschte und verführte Wesen, deren Handlungen oftmals eher irrationalen als rationalen Beweggründen folgen? Richten wir uns zum Beispiel bei unserem Konsumverhalten oder der politischen Meinungsbildung nach eigenen Einsichten oder nach dem, was uns heimliche – und unheimliche – Verführer zuflüstern? Sehen wir nicht oftmals – vielleicht gar allzu oft? – die Dinge durch eine rosarote Brille, durch eine Brille also, die unsere Wahrnehmung notwendigerweise verzerrt? Und wenn festzustellen wäre, dass es mit unserer unvoreingenommenen Wahrnehmung und unserer Autonomie oftmals nicht allzu weit her ist, welche Mechanismen und Prinzipien unseres Erkenntnisapparats und unseres Geistes wären dafür verantwortlich zu machen?

Psychologie und Philosophie können mit einer Fülle bemerkenswerter Befunde aufwarten, die vor Augen führen, wie leicht und gern wir Menschen uns manipulieren lassen, in wie erstaunlich vielfältiger Weise wir Täuschungen unterliegen und wie bereitwillig wir uns Illusionen unterschiedlichster Art hingeben. Das lässt sich bereits auf der Ebene der sinnlichen Wahrnehmung feststellen. Einer gängigen und verbreiteten Überzeugung zufolge brauchen wir nur unsere Augen und Ohren offen zu halten und schon spaziert die Welt in unseren

Kopf herein und erzeugt dort ein detailgetreues Abbild ihrer selbst. Nichts indessen trifft weniger zu als eine solche Vorstellung. Wahrnehmungspsychologie und Sinnesphysiologie nämlich belehren uns darüber, dass unsere Wahrnehmung häufig von sinnesspezifischen Täuschungen und Illusionen heimgesucht wird und in unsere Sinne Filter und Verarbeitungsmechanismen eingebaut sind, die uns die Welt auf eine ganz bestimmte Art und Weise erscheinen lassen. In Anbetracht der sinnesphysiologischen Befunde kann man sich nicht länger der Einsicht verschließen, dass unser Bild der Welt das Ergebnis perspektivischer, selektiver und konstruktiver Wahrnehmung ist. Dieser Thematik ist das erste Kapitel im ersten Teil des Buches gewidmet, der unter dem Titel *Wie wir uns täuschen und manipulieren lassen* den Mechanismen nachspürt, die nachhaltigen Einfluss auf unsere Wahrnehmungen, Entscheidungen und unser Verhalten ausüben.

Gemeinhin halten wir uns auf unsere kognitiven Fähigkeiten einiges zugute. Aber auch hier ist – ähnlich wie bei der sinnlichen Wahrnehmung – Vorsicht geboten. Denn, so kurios es zunächst vielleicht klingen mag, allzu oft spielen uns unsere kognitiven Fähigkeiten insofern einen Streich, als wir uns mit ihrer Hilfe und trotz besseren Wissens selbst manipulieren. Der Variationsbreite solcher Selbstmanipulationen geht das zweite Kapitel nach. Im Zentrum stehen hier neben den Illusionen der Unverwundbarkeit und Überdurchschnittlichkeit, denen Menschen sich häufiger hingeben, als ihnen lieb sein dürfte, auch selbsterfüllende Prophezeiungen, das rasch zur Selbstmanipulation führende Bestreben, in kognitiver Hinsicht einig mit sich selbst zu sein, die trügerische Macht des Gedächtnisses, die Wirkung sogenannter subliminaler Botschaften – das heißt Botschaften, die unterhalb der Bewusstseinsschwelle liegen – und die unbewusste Informationsverarbeitung, die unsere Ansichten und Einstellungen entscheidend mitsteuert.

Unsere Erkenntnisse formulieren wir in der Regel sprachlich. Und auch unsere Kommunikation ist zu einem großen, wenn nicht gar zum überwiegenden Teil sprachlich vermittelt. Nun steht Sprache im Rahmen des zwischenmenschlichen Miteinanders beileibe nicht immer nur im Dienst von Erkenntnisvermittlung und gelingender Kommunikation. Oftmals zielt ihr Einsatz primär darauf ab, jemand anderen in spezifischer Weise dahingehend zu manipulieren, dass der oder die Betreffende zu einem Handeln oder Verhalten veranlasst wird, dem er oder sie aus freien Stücken wohl kaum zugestimmt hätte. Diese Problematik steht im Zentrum des dritten Kapitels, in dem anhand einiger Beispiele dargestellt wird, wie man mit Worten handeln und in welch vertrackte Situationen man andere damit bringen kann.

Im darauffolgenden Kapitel wird dieses Thema von einer anderen Seite beleuchtet. Insbesondere die Sozialpsychologie vermag mit einer ganzen Reihe von experimentell gewonnenen und überprüften Befunden aufzuwarten, die eindringlich vor Augen führen, wie wir von anderen – in manchmal erschreckendem Ausmaß – manipuliert werden. Sei es die sogenannte Ankerfalle, in die wir als Konsumenten immer wieder tappen, oder der Konformitätsdruck, der durch Gruppen erzeugt wird, sei es der Mechanismus der sozialen Bestätigung, das vorsätzliche Färben von Wahlmöglichkeiten oder eine Autorität, der wir bereitwillig gehorchen – in all dem kommt vor allem eines zum Vorschein: die große Beeinflussbarkeit des Menschen.

Insbesondere die neuzeitliche Philosophie und Anthropologie haben solche Tatbestände reflektiert und analysiert, um zu erklären, warum wir Wesen sind, die in weit höherem Maße, als es den meisten von uns bewusst ist, mehr oder weniger ungeschützt den vielfältigsten Formen von Täuschungen, Manipulationen und Verführungen erliegen. Diesen Erklärungsansätzen geht der zweite Teil des Buches nach. Dabei wird zunächst die anthropologische Grundsituation erhellt. Vornehmlich die philosophische Anthropologie des 20. Jahrhunderts hat die sogenannte „Weltoffenheit" sowie die Instinktreduktion des Menschen als Grundbedingungen für seine Täusch- und Verführbarkeit herausgestellt. Aber schon im 18. Jahrhundert konnten anthropologische Entwürfe überzeugend darlegen, dass und wie Weltbilder und Irrtümer durch die Sprache tradiert werden.

Eine besondere Rolle für den Zusammenhang zwischen Erkenntnis und Täusch- und Verführbarkeit spielt der Umstand, dass im Grunde alle unsere Vorstellungen und Erkenntnisse perspektivisch gebrochen sind, dass, mit anderen Worten, unsere Erkenntnisse, Einstellungen und Überzeugungen von einem je individuellen Standpunkt abhängen und zudem immer schon „theoriegetränkt" sind. Darin sind sich, wie das zweite Kapitel belegt, selbst so unterschiedliche Autoren wie Leibniz, Nietzsche, Popper und Watzlawick einig.

René Descartes arbeitete bereits im frühen 17. Jahrhundert heraus, dass am Zustandekommen unserer Erkenntnisse Verstand und Wille gleichermaßen beteiligt sind, kann doch unser Wille einem konkreten Bewusstseinsinhalt seine Zustimmung erteilen oder sie ihm versagen. Damit brachte Descartes eine Sichtweise auf den Weg, die sein Zeitgenosse, der englische Naturwissenschaftler, Politiker und Philosoph Francis Bacon, nach einer anderen Seite hin entfaltete. Er nämlich unterzog die von ihm so bezeichneten „Vorurteilsgötzen", die sich des menschlichen Geistes bemächtigen, einer eingehenden Untersuchung und akzentuierte auf diese Weise die manipulative Kraft von Vorurteilen. In der Folgezeit wurde das Problem des Zusammenspiels von Wille, Intellekt und Vernunft insbesondere von Schopenhauer und Nietzsche aufgegriffen, die weitere erstaunliche Aspekte ins Spiel brachten, die die ganze Komplexität des Themas zeigen und die folgende These illustrieren: Der Umstand, dass wir meinen, wir könnten Täuschungen durchschauen, wir seien weitgehend resistent gegen Manipulationen, hat entscheidend damit zu tun, dass wir uns von einem ganz bestimmten Menschenbild verführen lassen – einem Menschenbild nämlich, das uns als vernünftige Wesen zeigt, die ihre Trieb- und Willensregungen dank ihrer Vernunft souverän beherrschen. Der von Nietzsche in diesem Zusammenhang zur Sprache gebrachte Sachverhalt, unser Geist wolle sich gelegentlich nur zu gern täuschen und betrügen lassen, wird ergänzt durch ein Verfahren der Selbstmanipulation, das der französische Philosoph Clément Rosset Wahrnehmungsverweigerung und Nichtbeachtung des Realen genannt hat. Diese weitgespannte Thematik ist Gegenstand des dritten Kapitels.

Das vierte Kapitel schließlich bringt die Innensteuerung durch die Moral zur Sprache. Einem gängigen Vorverständnis zufolge kommt der Moral die Funktion zu, neben dem geschriebenen Gesetz und über es hinaus das Zusammenleben in menschlichen Gesellschaften zu regulieren und zu stabilisieren. Dieses Vorverständnis ist sicherlich nicht falsch, greift jedoch insofern zu kurz, als es nur die – wie man sagen könnte – „positiven" Effekte der Moral im Blick hat. Dabei übersieht es, dass moralische Instanzen wie das Gewissen oder Mechanismen wie das Erzeugen von Scham und Schuldgefühlen oder Normen wie die sogenannte Reziprozitätsnorm in manipulativer Absicht eingesetzt werden können, um die Einstellungen und das Verhalten anderer zu steuern.

In diesem Kontext drängt sich möglicherweise dem einen oder anderen die berechtigte Frage auf: Wie frei ist denn dann eigentlich unser Wille? Steht es allein in seiner Macht, sich so oder anders zu entscheiden, die eine oder die andere Handlungsoption zu wählen? Mit dieser Frage betritt man ein Minenfeld, durch das leichtes und sicheres Hindurchmanövrieren beim derzeitigen Stand der Diskussion kaum möglich ist. Zu kontrovers ist das Thema in der Vergangenheit diskutiert worden. Und auch die Ergebnisse der modernen Hirnforschung, die sich seit einiger Zeit auch des Themas Willensfreiheit angenommen hat, erlauben derzeit noch keine eindeutige und einheitliche Interpretation. Dies alles hier zu thematisieren, würde ohne Frage den gesteckten Rahmen überschreiten und den Schwerpunkt auf ein ganz anderes Gebiet verlagern: hin zur Debatte um die Willensfreiheit und weg von der Frage nach der Täusch- und Verführbarkeit des Menschen. (Natürlich soll damit nicht bestritten werden, dass zwischen beidem ein enger Zusammenhang besteht.) Hier jedoch soll es in erster Linie darum gehen, die Schwachstellen unserer Willenssteuerung aufzudecken und durch solcherlei Aufklärung – im besten Fall – eine gewisse Täuschungs- und Verführungsresistenz zu bewirken. Denn auch wenn sich manche Menschen gerne von den vielfältigen Trugbildern, die das Leben zu bieten hat, täuschen und verführen lassen, so ist doch sicherlich der Großteil überzeugt, es sei aufs Ganze gesehen besser, nicht jeder Versuchung gleich nachzugeben und Mechanismen an der Hand zu haben, mit deren Hilfe man sich gegen Täuschung, Trug und

Verführung wappnen kann. Dahinter steckt offenbar implizit die Vorstellung, es gebe eine Art geraden Weg, von dem Versucher und Verführer uns abzubringen versuchen.

Und in der Tat lässt sich genau diese Vorstellung durch einen Blick auf die Etymologie und Bedeutungsgeschichte des Begriffs „Verführung" belegen. Jacob und Wilhelm Grimm betonen in ihrem *Deutschen Wörterbuch* nämlich, die Zusammensetzung mit „ver" in dem Verb „verführen" habe ursprünglich die „sinnliche" Bedeutung besessen: hinwegführen, an einen anderen, falschen Ort führen, in die Irre führen. Analog dazu bezeichne das Substantiv „Verführung": Ablenkung vom eingeschlagenen Weg; das, was vom richtigen auf den falschen Weg leitet. Diese „sinnliche" Bedeutung, so die Brüder Grimm weiter, sei zunächst die alleinige gewesen; erst später sei es zu einer Übertragung auf den geistigen Bereich gekommen. „Verführen" heißt dann: zu etwas verleiten, etwa falschen Schlüssen oder irriger Lehre; vom Weg abbringen. In dieser negativen Bedeutung beziehen sich „verführen" und „Verführung" nicht allein auf das Gebiet des Geistigen, sondern darüber hinaus auch auf die Gebiete des Moralischen, Sexuellen und Religiösen.[1] Ein Verführer ist demnach jemand, der uns auf all diesen Feldern vom eingeschlagenen Weg abbringt beziehungsweise abzubringen versucht.

Dabei schwingt implizit die Vorstellung mit, es gebe so etwas wie einen oder gar *den* richtigen Weg. Und dahinter wiederum verbirgt sich eine unausgesprochene Idee vom Richtigen, vom Wahren, von Normalität und Normativität. Derjenige – so die gängige, mit der Vorstellung von Normalität in der Regel gekoppelte Argumentation –, der einer Versuchung nicht zu widerstehen vermag und sich verführen lässt, werde von diesem richtigen Weg abgebracht, weil es ihm an Willensstärke, an Autonomie, an Selbstreflexion und Selbstprüfung mangele.

Mit solcher Rede von Normalität und Normativität betritt man jedoch ein äußerst abschüssiges Gelände, auf dem man rasch ins Rutschen kommen kann. Denn unweigerlich stellt sich die Frage: Wer oder was entscheidet darüber, was als normal und was als nicht normal, was als richtiger und was als falscher Weg zu gelten hat? Und weiter: Im Vergleich womit gilt etwas als normal und als richtiger Weg?

Dieses Problem, so werden wir sehen, stellt sich bereits auf der Ebene der sinnlichen Wahrnehmung. Die Einsicht in die Perspektivität, Selektivität und Konstruktivität unserer sinnlichen Wahrnehmung lässt Fragen wie die nach der richtigen Wahrnehmung und Weltauffassung als unsinnig erscheinen. Dafür sprechen auch philosophische Analysen, wie sie etwa – wenn auch mit unterschiedlicher Akzentuierung – Leibniz, Schopenhauer, Nietzsche sowie die moderne Erkenntnistheorie und Wissenschaftsphilosophie vorgelegt haben. Ihnen zufolge ist unser Weltverhältnis und Weltverständnis immer schon perspektivisch gebrochen, so dass sich der vermeintlich unverstellte und unvoreingenommene Blick auf „die Wirklichkeit", auf den „richtigen Weg" als nichts anderes als eine Illusion erweist.

Das nun aber bleibt nicht ohne Rückwirkungen auf die Begriffe der Täuschung und Manipulierbarkeit, der Verführung und Verführbarkeit: Können sie angesichts solcher Tatbestände überhaupt noch in einem normativen Sinn verwendet werden? Sollte man sie nicht vielmehr nur noch als deskriptive, also beschreibende Begriffe benutzen? Manche Einsichten der Philosophischen Anthropologie des 20. Jahrhunderts deuten fraglos in diese Richtung. Denn sie stellt heraus, dass uns unsere Weltoffenheit konstitutionell anfällig für Täuschungen und Verführungen macht, und wirft damit die Frage auf, ob es überhaupt möglich ist, sich nicht täuschen und manipulieren zu lassen, die Welt also mit einer Brille ohne eingefärbte Gläser wahrzunehmen.

Wie wir uns täuschen und manipulieren lassen:
Illusionen, Effekte und Prinzipien

Wahrnehmungswelten – oder:
Wie unser Bild von der Welt entsteht

Wahrnehmungstäuschungen

Unsere Welt ist eine Welt voller sinnlicher Reize. In ihr gibt es unzählige Gegenstände, Ereignisse und Ereignisfolgen mit sinnlich wahrnehmbaren Eigenschaften wie Größe, Form, Oberflächenbeschaffenheit, Farbe, Geruch, Geschmack und Klang. Diese Realität und die Veränderungen, die in ihr stattfinden, erfassen wir mit Hilfe unserer Sinnesorgane. Die Realität und ihre Veränderung wahrzunehmen hat für alle Lebewesen eine wichtige biologische Funktion, denn Veränderungen der Umwelt können Konsequenzen sowohl für die Selbst- als auch für die Arterhaltung haben. Darum müssen sie rechtzeitig und möglichst rasch erkannt werden. Bewegte Objekte beispielsweise können einerseits Nahrung sein, andererseits aber auch natürliche Feinde oder Gefahren.

Aber schon hier, auf der Ebene der sinnlichen Reize, kommt es zu einem Bruch zwischen uns und der Welt. Denn die von uns wahrgenommenen Eigenschaften wie Größe, Form oder Farbe entsprechen nicht notwendigerweise den physikalischen Eigenschaften der Gegenstände. Die Attribute und Qualitäten, die wir an einem Gegenstand wahrnehmen – oder besser: wahrzunehmen meinen –, unterliegen beträchtlichen Variationen und hängen von der Situation ab, in der uns der Reiz begegnet. Das heißt, was und wie wir etwas wahrnehmen, ist abhängig von der Umgebung, in die der betreffende Gegenstand oder das betreffende Ereignis eingegliedert ist. Belege hierfür liefern etwa

20   Wahrnehmungswelten – Wie unser Bild von der Welt entsteht

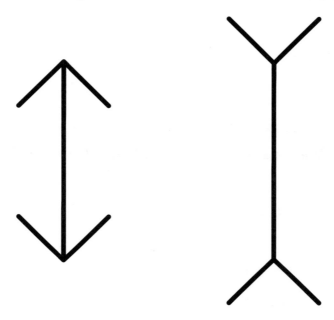

Abb. 1: Müller-Lyer-Illusion

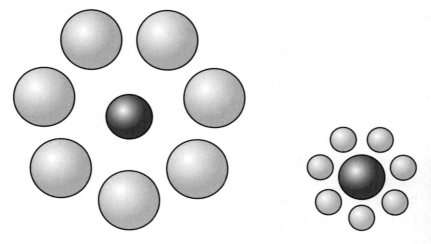

Abb. 2: Kreis-Größentäuschung

Wahrnehmungstäuschungen 21

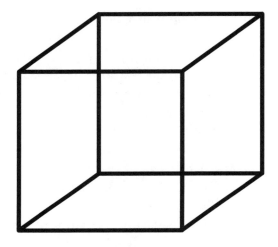

Abb. 3: Necker-Würfel

Abb. 4: Rubin'sche Täuschung: Vase oder Gesichter?

die zahlreichen bekannten optischen Täuschungen. So erscheint zum Beispiel ein und derselbe Gegenstand, je nachdem in welcher Umgebung er dem Betrachter begegnet, bei gleicher Entfernung nicht immer gleich groß. Unterschiedliche Umgebungen können also dazu führen, dass objektiv gleich große Dinge uns verschieden groß erscheinen. In solchen Fällen kommt es zu Täuschungen, die sich in Abhängigkeit von der Reizkonfiguration als Verzerrungen, Kontrastierungen, Verdeckungen oder auch Ergänzungen bemerkbar machen.

Die Wahrnehmungspsychologie[2] belehrt uns darüber, dass es zu Wahrnehmungstäuschungen grundsätzlich unter drei verschiedenen Bedingungen kommt: bei *widersprüchlicher Reizinformation*, bei *Überbelastung* des Wahrnehmungssystems, aber auch bei dessen *Unterbelastung*, der sogenannten „sensorischen Deprivation".

Widersprüchliche Informationen liegen bei den meisten der bekannten geometrisch-optischen Täuschungen vor. Diese Täuschungsmuster sind in der Regel so konstruiert, dass wir an dem dargestellten Objekt beispielsweise Tiefenerstreckung oder Neigung wahrzunehmen meinen, obwohl weder das eine noch das andere vorliegt. Widersprüchliche Informationen liefern uns auch die als „Kippfiguren" bezeichneten Reizmuster wie etwa der Necker-Würfel, bei denen sich unser visueller Apparat zwischen einer von mehreren möglichen „Lesarten" des Musters entscheiden muss. Einen weiteren Typ von widersprüchlichen Reizmustern stellen die „unmöglichen Objekte" dar. Hierbei handelt es sich um zweidimensionale Projektionen von dreidimensionalen Gegenständen, die im dreidimensionalen Raum nicht existieren können. Bekannte Beispiele für solche „unmöglichen Objekte" liefern die Zeichnungen des holländischen Graphikers M. C. Escher.

Zu *Überbelastungen* unseres Wahrnehmungsapparats kommt es immer dann, wenn die Reizkonfiguration, mit der wir konfrontiert werden, hochkomplex und gleichförmig ist, so dass es uns kaum gelingt, einzelne Formelemente visuell herauszugreifen und isoliert aufzufassen. Muster erscheinen unter solchen Bedingungen beispielsweise in dauernder Bewegung und lassen sich infolgedessen nur schwer oder

Abb. 5a und b: Unmögliche Objekte: Penrose-Dreieck und Penrose-Treppe

gar nicht gliedern. Ein schönes Beispiel für eine solche Überbelastung unseres Wahrnehmungssystems liefert der sogenannte „Moiré-Effekt": Läuft man an zwei hintereinander stehenden Lattenzäunen vorbei, so dass der hintere Lattenzaun durch den vorderen hindurch sichtbar wird, so scheinen (im Zuge der parallaktischen Verschiebung, wie uns der Wahrnehmungsphysiologe erklärt) schnelle Schatten über die Zäune hinwegzuhuschen. Die Überlastung unseres visuellen Verarbeitungsmechanismus führt hier offensichtlich zu einer Wahrnehmungstäuschung. Ähnlich verhält es sich im folgenden Fall: Lässt man im Dunklen ein Rad rollen (dreht es also nicht einfach nur), auf dessen Umfang leuchtende Punkte befestigt sind, dann beschreibt jeder dieser Punkte – objektiv – eine sogenannte Zykloide, eine Radkurve. Bei ein bis vier Punkten können wir diese Radkurven tatsächlich sehen. Bei mehr als vier Punkten ist das nicht mehr möglich; jetzt ist unser Wahrnehmungsapparat offenbar heillos überfordert: Man sieht einen rollenden Kreis.

Zu einer *Unterbelastung* des Wahrnehmungssystems kommt es, wenn die Situation, in der man sich befindet, sehr reizarm und uniform ist, wenn – anders gesagt – nur wenige Veränderungen in der Struktur des Reizmusters auftreten. Bei einer entsprechenden Verringerung von Reizen kommt es nicht nur im visuellen Bereich, also beim Sehen, zu Wahrnehmungstäuschungen, sondern auch im auditiven, also beim Hören. Menschen, die längere Zeit in der Wüste oder der Polarregion, in Gefängnissen oder psychiatrischen Anstalten leben oder leben müssen, berichten regelmäßig über Täuschungen sowohl visueller als auch auditiver Art. Dem durstigen Menschen in der Wüste erscheinen die Palmen einer Oase, der Gefängnisinsasse in seiner Abgeschlossenheit halluziniert einen Sexualpartner, ein Fleck an der Wand wird als Spinne oder Fliege gesehen, das Geräusch eines Ventilators wird für Stimmengemurmel gehalten, und aus dem reizarmen Hintergrundrauschen, dem sogenannten „weißen Rauschen", werden nach und nach bestimmte akustische Signale isoliert.

Zudem haben zahlreiche wahrnehmungspsychologische Experimente gezeigt, dass Hunger und Durst, Gefühle und Persönlichkeitseigenschaften wie Aktivität und Passivität die Wahrnehmung nachhaltig beeinflussen können.

Was lehrt uns all das? Nun, zunächst wohl dies: Unsere Wahrnehmung unterliegt einer Fülle von Determinanten. Dazu gehören sowohl passive Komponenten, wie etwa die Weiterleitung des Netzhautbilds an das Gehirn, als auch aktive, wie etwa die Strukturierung des den Sinnen präsentierten Materials, ferner unbewusst ablaufende, also gleichsam automatische Verarbeitungsmechanismen sowie vom Bewusstsein gesteuerte und mit Bewusstsein begleitete Aktivitäten. Und: Sinnliche Wahrnehmung ist keine passive Wiedergabe oder bloße Spiegelung von Welt, sondern ein aktiver Prozess der Aneignung dessen, was uns als Realität gilt. In diesem Sinne formulieren Krech, Crutchfield und Ballachey: „Unter allen möglichen Eigenschaften eines Objekts werden nur bestimmte wahrgenommen. Und sogar diese Eigenschaften können verschmolzen und verändert werden, um den Bedürfnissen des Individuums angepasst zu werden. Die kognitive Karte eines Individuums ist daher keine fotografische Repräsentation der physikalischen Welt; es ist vielmehr eine partielle, persönliche Konstruktion, in der bestimmte Objekte, die von dem Individuum dazu bestimmt werden, eine größere Rolle zu spielen, auf individuelle Art wahrgenommen werden. Jeder Wahrnehmende ist deshalb bis zu einem gewissen Grad ein abstrakter Künstler, der ein Bild von der Welt malt, das seine individuelle Sichtweise ausdrückt."[3] Bei dem Bild von der Welt, das wir mittels des Wahrnehmungssystems in unserem Kopf erzeugen, handelt es sich folglich nicht um ein getreues Abbild oder eine Fotografie, sondern um ein Bild, das auf vielfältige Weise von unserem Wahrnehmungssystem und den Verarbeitungsmechanismen im Gehirn bearbeitet worden ist. Anders gesagt: Unser Wahrnehmungssystem verführt uns geradezu dazu, die Welt auf eine bestimmte Art und Weise wahrzunehmen. Wir sind also – etwas überspitzt gesagt – bereits auf der Ebene der sinnlichen Wahrnehmung verführte Wesen. Das springt noch deutlicher ins Auge, wenn wir uns der Perspektivität, Selektivität und Konstruktivität der Wahrnehmung zuwenden.

Die Perspektivität, Selektivität und Konstruktivität der Wahrnehmung

Neben der Wahrnehmungspsychologie hat insbesondere die sogenannte „Evolutionäre Erkenntnistheorie" das Augenmerk auf das Problemfeld der Perspektivität, Selektivität und Konstruktivität der Wahrnehmung gelenkt. Die Evolutionäre Erkenntnistheorie wurde bereits im 19. Jahrhundert durch Schopenhauer und Nietzsche auf den Weg gebracht, insofern beide die Lebensdienlichkeit unserer kognitiven Strukturen herausstellten. Im 20. Jahrhundert war es dann der Verhaltensforscher Konrad Lorenz, der weitere Denkanstöße gab, indem er die These vertrat, die kognitiven Strukturen, über die wir Heutigen gleichsam a priori verfügen, hätten sich im Laufe der stammesgeschichtlichen Entwicklung des Menschen herausgebildet, seien also das Ergebnis einer evolutionären Anpassung. Dieser Ansatz wurde von Autoren wie Karl Raimund Popper, Gerhard Vollmer und Rupert Riedl weiterentwickelt und ausformuliert.[4] Bei der Evolutionären Erkenntnistheorie handelt es sich um eine Theorie über die biologische Herkunft unserer kognitiven Strukturen. Ihre Kernthese besagt: „Unser Erkenntnisapparat ist ein Ergebnis der Evolution. Die subjektiven Erkenntnisstrukturen passen auf die Welt, weil sie sich im Laufe der Evolution in Anpassung an diese reale Welt herausgebildet haben. Und sie stimmen mit den realen Strukturen (teilweise) überein, weil nur eine solche Übereinstimmung das Überleben ermöglichte."[5]

Hier ist nun nicht der Ort, diese These weiter zu entfalten und sich detaillierter mit ihr auseinanderzusetzen. Im vorliegenden Zusammenhang kommt es vielmehr in erster Linie darauf an, den Beitrag des erkennenden Subjekts zur Erkenntnis, der von den Vertretern der Evolutionären Erkenntnistheorie differenziert untersucht worden ist, eingehender unter die Lupe zu nehmen.[6] In ihrer Gesamtheit zeigen die Forschungsergebnisse der Wahrnehmungspsychologie, Sinnesphysiologie und Neurobiologie, dass der Beitrag des erkennenden Subjekts zur Erkenntnis *perspektivisch*, *selektiv* und *konstruktiv* sein kann.

Die Konstruktivität der Wahrnehmung 27

Perspektivisch ist er insofern, als der Standort des Subjekts sowie sein Bewegungs- und Bewusstseinszustand in eine Wahrnehmung beziehungsweise eine Erkenntnis einfließt. Zur Perspektivität der Wahrnehmung tragen demnach schon sogenannte standortvariante Erscheinungen bei. Beispiele hierfür sind etwa: mein Standort im Verhältnis zum Horizont (der Horizont kann weit entfernt oder vergleichsweise nah sein), der Ausschnitt des sichtbaren Himmels (blicke ich aus einem Fenster, so nehme ich einen anderen Ausschnitt wahr, als wenn ich auf freiem Feld stehe), ferner Effekte der Relativgeschwindigkeit auf Gleichzeitigkeit (sitzt man in einem Zug und der auf dem Nebengleis stehende Zug setzt sich in Bewegung, so glaubt man, der Zug, in dem man selbst sitzt, fahre los). Darüber hinaus beeinflussen auch physiologische, also körperspezifische Faktoren, was und wie wir wahrnehmen. Ein sprechendes Beispiel ist die Farbenblindheit: Ein Farbenblinder nimmt die Welt beziehungsweise Ausschnitte der Welt anders wahr als ein Mensch, der diese Einschränkung nicht hat. Auch unser Maß an Aufmerksamkeit kann Form und Inhalt unserer Wahrnehmung beeinflussen. Das Gleiche gilt für Drogen und bewusstseinsverändernde Substanzen aller Art. Zudem spielen frühere Erfahrungen, ästhetische Erziehung, Erwartungen sowie emotionale und kulturelle Faktoren eine nicht unerhebliche Rolle. So wird etwa, um ein Beispiel für einen emotionalen Faktor zu nennen, die Art und Weise, wie wir eine andere Person wahrnehmen, durch unsere persönliche Beziehung zu ihr beeinflusst: Ist mir die andere Person sympathisch, so nehme ich selbst ihre Größe und ihr Aussehen anders wahr, als wenn sie mir unsympathisch ist, ich sie nicht leiden kann oder gar hasse. Und einen schönen Beleg dafür, wie kulturelle Faktoren die Wahrnehmung prägen können, liefert die „Kreis-Kultur" der Zulus: In ihrer Welt gibt es so gut wie keine Ecken, rechte Winkel oder gerade Begrenzungen; ihre Hütten sind rund und haben runde Öffnungen; auch pflügen sie ihre Felder nicht in geraden Furchen, sondern in Kurven und Kreisen.

Begnügen wir uns mit diesen Hinweisen auf die Perspektivität der Wahrnehmung und wenden wir uns ihrer *Selektivität* zu, auf die der

Biologe Jakob von Uexküll seit den 1920er Jahren in einer Reihe von Schriften hingewiesen hat. Gemäß der Umweltlehre, die Uexküll auf der Grundlage empirischer Forschungen entwickelte, schneidet jeder Organismus aus der realen Welt gleichsam ein Stück heraus, das ihm zur „Umwelt" wird. „Umwelt" ist so gesehen ein relationaler Begriff und Ergebnis eines selektiven Vorgangs. Das heißt, infolge seiner arttypischen Organausstattung filtert, selegiert der Organismus aus den Reizen, die ihn aus der ihn umgebenden Welt erreichen, die ihm dienlichen heraus. Mit anderen Worten: Er lässt nur eine bestimmte Auswahl aus den objektiv vorhandenen Möglichkeiten zu. Diese Auswahl ist seine „Umwelt". Für das einzellige Pantoffeltierchen beispielsweise gibt es lediglich ein einziges Verhalten, mit dem es auf jeden nur möglichen Reiz – sei es ein chemischer, ein thermischer, ein Licht- oder ein Berührungsreiz – reagiert: die Flucht. Die Umwelt des Pantoffeltierchens, so könnte man sagen, ist eine Fluchtwelt. Für die Seegurke, um ein anderes Beispiel heranzuziehen, enthält die Umwelt nur ein Merkmal, nämlich das Dunklerwerden, auch wenn ihre Umgebung objektiv noch so reichhaltig sein mag. Ob nun eine Wolke, ein Schiff oder tatsächlich ein natürlicher Feind die Sonne verdunkelt – all das spielt für die Seegurke keine Rolle: Sie zieht sich bei jeder Verdunkelung zusammen. Die Umwelt des Frosches ist entsprechend eine Bewegungswelt, die des Hundes vor allem eine Riechwelt und die der Fledermaus eine Hörwelt.

All dies ist seit langem bekannt und unbestritten. Etwas anders verhält sich die Sachlage hinsichtlich der *Konstruktivität* der Wahrnehmung. Konstruktiv, so erläutert Vollmer, ist Wahrnehmung dann, wenn sie die Erkenntnis positiv mitbestimmt oder erst ermöglicht. *Dass* sinnliche Wahrnehmung einen konstruktiven Anteil in sich birgt, ist in der Geschichte der Philosophie unbestritten. Umstritten ist jedoch die Frage, wie groß dieser konstruktive Anteil ist. Der *Rationalismus*, wie ihn René Descartes im frühen 17. Jahrhundert begründete, veranschlagte ihn sehr hoch, ging er doch davon aus, der menschliche Geist verfüge über sogenannte „angeborene" beziehungsweise „eingeborene Ideen". Zu ihnen wurden logische und mathematische Ideen gerechnet, ferner die Idee Gottes sowie von manchen Rationalisten grundlegende ethische Prinzipien, wie etwa der Pflichtbegriff. Konkret bedeutet das: Eine geometrische Figur, beispielsweise ein Dreieck, vermag das erkennende Subjekt nur deswegen als Dreieck wahrzunehmen, weil es über die angeborene Idee des Dreiecks verfügt. Für den Rationalisten liegen der erkennenden Vernunft – Ratio – und der erfahrbaren Wirklichkeit gleiche, aufeinander bezogene Strukturen zugrunde. Der Rationalist behauptet also eine Art Gleichförmigkeit, eine Isomorphie, zwischen den Erkenntniskategorien – sprich: den eingeborenen Ideen – und der realen Welt. Die eingeborenen Ideen sind mithin insofern erkenntniskonstitutiv, als sie der Wahrnehmung bestimmte Formen aufprägen.

Die sich ebenfalls im 17. Jahrhundert ausbildende Richtung des *Empirismus* weist die Annahme eingeborener Ideen entschieden zurück. Die Empiristen begreifen Wahrnehmen und Erkennen als überwiegend passives Abbilden von Welt. Darum ist Wahrnehmung für sie naturgemäß nie konstruktiv.

Immanuel Kant nun war es, der im darauffolgenden Jahrhundert den Streit zwischen Rationalisten und Empiristen zu schlichten versuchte. Er bezeichnete seinen Ansatz als „Transzendentalphilosophie". „Transzendental" bedeutet hierbei nicht: Beschäftigung mit dem Übersinnlichen, dem Metaphysischen. Vielmehr ging es Kant darum, die Bedingungen der Möglichkeit von Erkenntnis herauszufinden. Er fragte: Wie ist es uns überhaupt möglich, Erkenntnisse über die Welt zu gewinnen? Und er formulierte als bahnbrechende und wegweisende Antwort: Bereits unsere sinnliche Wahrnehmung formt das Anschauungsmaterial insofern, als wir alles räumlich und zeitlich wahrnehmen, das heißt in einer dreidimensionalen Anordnung und in einer zeitlichen Abfolge des Nacheinander. Alles, was wir wahrnehmen, wird also durch Raum und Zeit geprägt. Das durch diese beiden „Anschauungsformen", wie Kant sie nannte, geordnete Anschauungsmaterial verarbeitet unser Verstand dann weiter, indem er es begrifflich fasst, das heißt in die von Kant so bezeichneten „Kategorien" oder „Verstandesbegriffe" einordnet. Eine dieser Kategorien ist beispielsweise die Kausalität. Sie versetzt uns in die Lage, Ursache-Wirkungs-Zusammenhänge zu denken. Auf diese Weise machen die Strukturen der Erkenntnis, über die wir nach Kant immer schon verfügen, Erfahrung überhaupt erst möglich. Sie sind die Bedingungen aller Erfahrung und aller Erkenntnis. Erfahrung und Erkenntnis erweisen sich hier als Ergebnis eines konstruktiven Prozesses, genauer gesagt: eines Zusammenspiels von Anschauung und begrifflichem Denken. Vor diesem Hintergrund betonte schon Kant die Selektivität und Konstruktivität aller menschlichen Wahrnehmung und Erkenntnis, die moderne Forschungen heute mit einer Fülle von empirischem Material untermauern können.

Die selektiven und konstruktiven Momente der Wahrnehmung lassen sich besonders gut anhand der Farb-, Raum- und Gestaltwahrnehmung veranschaulichen. Beginnen wir mit der Farbwahrnehmung.[7] Das uns bekannte elektromagnetische Spektrum reicht von den kurzwelligen Gammastrahlen bis zu den langen Radiowellen. Es umspannt also den Pico-Bereich (1 Picometer = 1 billionstel Meter = 10 hoch minus 12) bis hin zu den Kilometer-Dimensionen der Langwellen. Das menschliche Auge ist nun lediglich für Wellenlängen zwischen 380 und 760 Nanometer empfindlich (1 Nanometer = 1 milliardstel Meter = 10 hoch minus 9). Unsere sinnliche Wahrnehmung ist also sehr „wählerisch". Sie filtert aus den Signalen der Außenwelt nur ganz bestimmte Informationen heraus. Wir haben, bildlich gesprochen, nur ein sehr schmales optisches Fenster zur Welt.

Ebenso verhält es sich mit dem Hören. Wir können nur einen schmalen Ausschnitt aus dem Schwingungsspektrum hören: nämlich ca. 16 bis 16 000 Hertz. Wir verfügen also auch nur über ein recht schmales akustisches Fenster zur Welt. Andere Lebewesen können Schwingungen jenseits von 20 000 Hertz vernehmen – Hunde zum Beispiel –, wiederum andere Radarwellen, beispielsweise Fledermäuse.

Ähnliches gilt auch für das Schmecken, Riechen und Tasten: Auch mit diesen Sinnen können wir nur innerhalb unserer arttypischen Fenster wahrnehmen. Sie liefern uns lediglich eine Selektion, eine Auswahl aus einem objektiv viel reichhaltigeren Material.

Nun sehen wir aber, um auf das Sehen zurückzukommen, keine Wellenlängen, sondern Farben. Und das ist eine konstruktive Leistung unserer Wahrnehmungsorgane, die auf angeborenen Dispositionen beruht. Hierzu zählen die sogenannten „Zäpfchen" in unserer Retina, der Netzhaut, die über photochemische Prozesse Licht absorbieren und es uns damit allererst ermöglichen, Farben wahrzunehmen. Außerdem enthält die Retina „Stäbchen", die schwarz-weiß-empfindlich sind und uns bei Dunkelheit in die Lage versetzen, Grauabstufungen zu unterscheiden.

Andere Lebewesen verfügen über andere angeborene Dispositionen. Bienen etwa besitzen, wie die Forschungen Karl von Frischs und anderer gezeigt haben, ein ganz anderes optisches Fenster zur Welt.[8] Sie nämlich können kein Rot wahrnehmen, dafür aber ultraviolettes Licht. Infolgedessen hat eine blühende Wiese oder auch eine einzelne Blüte für eine Biene eine ganz andere Farbstruktur als für uns.

Darüber hinaus ist unsere Farbwahrnehmung noch zu einer anderen interessanten konstruktiven Leistung imstande. Das Spektrum der Regenbogenfarben ist linear und zweiseitig offen. Ordnen wir jedoch die Spektralfarben nach ihrem Empfindungswert, dann tendieren wir dazu, sie zu einer topologisch geschlossenen Figur anzuordnen, nämlich kreisförmig. Das Ergebnis ist der sogenannte Farbenkreis. In ihm liegen sich Rot und Grün – zwei Farben, die wir als polar, das heißt als sich gegenseitig ausschließend, empfinden – diametral gegenüber. Wir können demzufolge sehr gut zwischen der physikalischen Natur des Lichts und dem psychologischen Empfindungswert von Farben unterscheiden. Man könnte auch sagen: Wir trennen zwischen den objektiven und subjektiven Aspekten des Lichts. Aber gerade bei diesen subjektiven Aspekten handelt es sich um selektive und konstruktive Leistungen unseres Wahrnehmungsapparats.

Auch unsere Raumwahrnehmung ist das Resultat einer Konstruktion des wahrnehmenden und erkennenden Subjekts. Wir wissen: Das Bild von einem dreidimensionalen Gegenstand auf der Netzhaut ist nur zweidimensional. Das bedeutet: Aus einer im Wesentlichen zweidimensionalen Information baut unser Wahrnehmungssystem eine dreidimensionale Welt auf. Diese Rekonstruktion dreidimensionaler Gegenstände ist eine konstruktive Leistung des Subjekts, der angeborene Strukturen zugrunde liegen.

Sehr schön lässt sich dieser Sachverhalt anhand der Versuche mit Umkehrbrillen illustrieren, die G. M. Stratton bereits 1897 durchgeführt hat.[9] Er trug ein als Umkehrbrille fungierendes Linsensystem acht Tage lang über dem rechten Auge. Das linke Auge blieb während dieser Zeit gänzlich abgedeckt. Der dadurch hervorgerufene Effekt bewirkte eine Umkehrung des Gesichtsfelds und eine Seitenvertauschung. Stratton berichtete über massive Orientierungsstörungen unmittelbar nach Aufsetzen der Umkehrbrille. Sie führten zu einer weitgehenden Unterbrechung der normalen Koordination von visueller Wahrnehmung und Körperbewegung. So griff er in die falsche Richtung, wenn er einen Gegenstand, den er wahrgenommen hatte, aufheben wollte. Und der Schall schien ihm aus einer Richtung zu kommen, die der visuell wahrgenommenen Schallquelle entgegengesetzt war. Aber nun kommt das Erstaunliche: Nach etwa drei Tagen nahm die Desorientierung ab. Und nach Ablauf von acht Tagen war die neu erlernte visuell-motorische Koordination relativ zufriedenstellend. Zudem war sich Stratton im Laufe der Versuchstage zunehmend weniger des Umstands bewusst, dass die gesamte Szenerie Kopf stand. Als er dann die Umkehrbrille wieder abnahm, bemerkte er zunächst abermals eine Desorientierung. Diese dauerte jedoch nur kurze Zeit an.

Spätere Wiederholungsversuche bestätigten die Leistungsverschlechterung nach dem erstmaligen Aufsetzen der Brille. Sie zeigten überdies eine relativ schnelle Anpassung während der Periode der künstlichen Gesichtsfeldumkehrung, wenn der Test über einen längeren Zeitraum durchgeführt wurde. All das bestätigt eindrucksvoll die konstruktiven Leistungen unseres Gehirns.

Dies alles ist schon erstaunlich genug. Aber das vielleicht erstaunlichste Merkmal der menschlichen Wahrnehmung liegt nach Ansicht von Wahrnehmungspsychologen in ihrer Neigung, Ganzheiten und Muster zu bilden. Das gelingt ihr, indem sie unvollständige Konturen ergänzt, verschiedenartige Schlüsselreize integriert und die Beiträge

Die Konstruktivität der Wahrnehmung 33

einzelner Reize so bewertet, dass sie insgesamt das ergeben, was Gestaltpsychologen eine „gute Gestalt" nennen. Das gilt nicht nur für räumliche Muster, sondern auch für zeitliche, wie beispielsweise ein musikalisches Motiv, für raumzeitliche Konfigurationen, etwa bestimmte Bewegungsabläufe, ebenso wie für abstrakte Muster, zum Beispiel informationelle. In solchen Gruppierungen zu einem Ganzen wird die konstruktive Leistungsfähigkeit unseres Datenverarbeitungsapparats, also letztlich des Gehirns, augenfällig.

Die Gestaltpsychologie, eine Teildisziplin der Psychologie, die sich gegen Ende des 19. Jahrhunderts herauszubilden begann, hat herausgefunden, dass es mehrere Arten von „guten Gestalten" gibt.[10] Da gibt es zum einen die „gute Fortsetzung", auch bekannt als „Gesetz der guten Kurve". Es beschreibt den Tatbestand, dass Reize, die eine „gute" Fortsetzung einer Linie, einer Kurve oder einer Bewegung sind, leichter zu Einheiten gruppiert werden können. Darüber hinaus spielt Symmetrie eine bedeutsame Rolle, werden doch symmetrische oder ausgewogene Gruppierungen von unserem Wahrnehmungsapparat asymmetrischen vorgezogen. Bevorzugt werden auch Gruppierungen, die zu einer geschlossenen oder vollständigen Gestalt führen. Und schließlich gibt es noch diejenige Variante der „guten Gestalt", die als „gemeinsames Schicksal" bezeichnet wird. Damit ist gemeint: Elemente, die sich gemeinsam bewegen oder verändern, schließen sich gegenüber Elementen mit anderer Bewegungsrichtung zusammen.

Die konstruktive Leistung unseres Gehirns bei der Gestaltwahrnehmung zeigt sich außerdem bei Objekten, die „in Wirklichkeit" gar nicht da sind. Ein bekanntes Beispiel ist die „Rubin'sche Täuschung". Hier konstruieren wir aus den uns gebotenen Reizen entweder einen Pokal beziehungsweise eine Vase oder zwei Gesichter im Profil. Unsere unbewusste Reizverarbeitung belässt es nicht bei der Zweideutigkeit, sondern bevorzugt die Eindeutigkeit, die im Fall der Rubin'schen Täuschung wenigstens zu 50 Prozent richtig ist. Mit Blick auf dieses Phänomen spricht man in der Gestaltpsychologie von einer „Prägnanztendenz". Aber auch in Felsenmeeren und bei Tintenklecksen erfindet unsere Einbildungskraft Strukturen. Tintenkleckse werden gar zu

34 Wahrnehmungswelten – Wie unser Bild von der Welt entsteht

Abb. 6: Junge Frau und alte Schwiegermutter

psychodiagnostischen Zwecken verwendet, etwa beim Rorschach-Test, einem Projektionstest, bei dem Rückschlüsse auf die Persönlichkeit des Probanden, zum Beispiel auf seine Intelligenz, Einbildungskraft oder Aktivität, gezogen werden.

Gestaltwahrnehmung kann durch Informationen über die wahrzunehmende Gestalt sowie durch Übung verbessert, verfeinert oder überhaupt erst richtig aktiviert werden. So kommt es, dass man einen auf dem Boden verlorenen Gegenstand schneller wiederfindet, wenn man weiß, wie er aussieht. Bekannt ist auch der „Cocktail-Party-Effekt": Aus einer Geräuschkulisse, beispielsweise der einer Party, kann man eine ganz bestimmte Stimme heraushören. Das Gleiche lässt sich bei Konzerten beobachten. Auch hier sind wir in der Lage, ein spezielles Instrument zu isolieren. Generell gilt für die Wahrnehmung von Musik: Wir hören nicht eine bloße Tonfolge, sondern verbinden mehrere Töne zu Akkorden, Akkordfolgen, Riffs, Melodien, Motiven und ganzen Themen. Bei all dem handelt es sich, um es noch einmal zu betonen, um höchst selektive und konstruktive Leistungen derjenigen mentalen Apparatur, welche die Reize aus der Umwelt aufnimmt und verarbeitet.

Dieses Fazit wirft auch Licht auf die Selektivität unserer Wahrnehmung bei mehrdeutigen Figuren, den sogenannten „Kippfiguren", wie dem bereits erwähnten Necker-Würfel oder dem bekannten Bild „Junge Frau und alte Schwiegermutter". Hier werden unserer Wahrnehmung und unserer Kognition zwei mögliche Wahrnehmungsorganisationen angeboten. Unser Gehirn entscheidet sich zunächst für eine der beiden Möglichkeiten. Irgendwann „kippt" die Figur dann um, und uns bietet sich die andere Möglichkeit dar. Betrachtet man solche Bilder längere Zeit, kann man schließlich gezielt beide Variationen abwechselnd wahrnehmen – ein schönes und sehr sprechendes Beispiel für den selektiven und konstruktiven Beitrag des erkennenden Subjekts bei der Wahrnehmung und Erkenntnis dessen, was uns als Realität gilt.

Kognitionswelten – oder: Wie wir uns selbst manipulieren

Die Illusion der Unverwundbarkeit

Die Tatsache, dass wir in einem durch und durch medial geprägten Zeitalter ständigen Versuchungen, Verführungskünsten und Manipulationsattacken ausgesetzt sind, gehört mittlerweile zu den unleugbaren, für viele auch unliebsamen Wahrheiten. Gleichzeitig ist bei vielen Menschen, zumindest denen der westlichen Welt, die Meinung weit verbreitet, weil man ja nun um die Omnipräsenz solcher Verführungen und Manipulationen wisse, sei man weitgehend gegen sie gefeit, wenn nicht gar immun. Sozialpsychologische Studien erbringen immer wieder das Ergebnis, dass die befragten und untersuchten Personen zu einem sehr hohen Prozentsatz ihre angebliche Resistenz gegen Verführungen bekunden: Sie alle halten sich in dieser Hinsicht für unverwundbar. Die Realität sieht jedoch ernüchternd, um nicht zu sagen erschreckend anders aus: In Wirklichkeit entpuppt sich die vermeintliche Unverwundbarkeit als nichts anderes als eine bloße Illusion. Der US-amerikanische Sozialpsychologe Robert Levine bringt es auf den Punkt, wenn er über den Kontrast zwischen dem Gefühl persönlicher Unverwundbarkeit und der tatsächlichen Beeinflussbarkeit durch die Experten aus Werbung, Medien und Marketing schreibt: „Es gehört zu den eher grausamen Ironien des Lebens, dass wir genau in den Augenblicken am verwundbarsten sind, in denen wir uns am wenigsten gefährdet fühlen."[11] Levine formuliert diese Einschätzung vor dem Hintergrund einer Reihe einschlägiger Untersuchungen, die immer wieder drastisch vor Augen führen, wie sehr Menschen ihre Verwundbarkeit unterschätzen.

Diese Illusion der Unverwundbarkeit ist nur zu oft mit der Einstellung gekoppelt, etwas Schlimmes wie Krankheiten, Unfälle oder Tod stoße eher anderen als einem selbst zu. So ist uns beispielsweise die Lebenserwartung, mit der wir statistisch gesehen zu rechnen haben, durchaus bekannt. Gleichwohl gehen die meisten Menschen davon aus, sie persönlich würden länger leben, als es die Statistik erwarten lässt. Zur eigenen Beruhigung werden dann die ihrer Ansicht nach dafür relevanten Lebensumstände angeführt, als da etwa sind: gesunde Ernährung, genügend Bewegung, weitgehender Verzicht auf Stimulanzien wie Alkohol und Nikotin, regelmäßige ärztliche Kontrolle und dergleichen mehr. Auf diese Weise glaubt man, einen Schutzwall gegen die Realität errichten zu können. Und wie selbstverständlich gibt man sich überzeugt, man habe weitaus bessere Chancen, älter als 80 Jahre zu werden, älter als die Mitmenschen.

Eindrucksvoll belegt wird dieser Sachverhalt durch eine Studie des Sozialpsychologen Rick Snyder, die er mit Studenten durchführte und deren Ergebnisse er 1997 veröffentlichte.[12] Er forderte seine Studenten auf, ihre vermutliche Lebensdauer zu schätzen. Zuvor hatte er ihnen mitgeteilt, die durchschnittliche versicherungsstatistische Lebenserwartung betrage in den USA gegenwärtig 75 Jahre. Es zeigte sich, dass seine Studenten ihre eigene Lebenserwartung auf durchschnittlich 84 Jahre schätzten. Ihre Einschätzung überstieg mithin den tatsächlichen Durchschnittswert um ganze neun Jahre. Sie alle waren nur zu offensichtlich der Illusion der Unverwundbarkeit erlegen.

Wie wäre es nun, überlegte Snyder weiter, wenn man die Versuchspersonen zuvor über die Illusion der Unverwundbarkeit aufklärte und sie dann erst ihre eigene Lebenserwartung schätzen ließe: Würde sich ein völlig anderes, nämlich realistisches Bild ergeben? Also wurde einer Kontrollgruppe ein Vortrag über die Illusion der Unverwundbarkeit gehalten. Zudem wurde sie eigens darauf hingewiesen, dass sich die meisten Menschen von dieser Illusion dazu verführen lassen, ihre eigene Lebenserwartung zu überschätzen. Was nützte das? Nun, einige von Snyders Studenten bezogen diese Information sehr wohl in ihre Überlegungen ein und setzten bei der anschließenden Befragung ihre Lebenserwartung im Rahmen des realistischen Niveaus an. Diese Gruppe bildete jedoch nur eine Minderheit. Insgesamt musste Snyder feststellen, dass die ausdrücklichen Warnungen vor einer Überschätzung so gut wie keine Auswirkungen auf die Schätzungen der Versuchspersonen hatten: Auch die Mitglieder der Kontrollgruppe überschätzten ihre Lebenserwartung um durchschnittlich neun Jahre – und das, obwohl sie doch zuvor über die Illusion der Unverwundbarkeit aufgeklärt worden waren!

Das zeigt zum einen: Selbst das Wissen um diese Illusion hilft nicht gegen ihre Wirksamkeit; auch diejenigen Versuchspersonen, die es eigentlich besser hätten wissen müssen, erlagen ihr ungeschützt. Zum anderen erbrachte Snyders Untersuchung noch ein weiteres, nicht minder bedenkenswertes Resultat: Die Warnung vor einer Überschätzung, obwohl sie von den weitaus meisten nicht ernst genommen wurde, hatte bei vielen Teilnehmern der Untersuchung zur Folge, dass sie nach Gründen dafür suchten, warum sie persönlich eine Ausnahme von der statistisch ermittelten Regel seien. Das heißt, obgleich sie mit der Realität konfrontiert worden waren, reagierten sie darauf nicht mit einer Revidierung ihrer falschen Überzeugung, sondern suchten nach Gründen, um diese zu rechtfertigen oder – anders ausgedrückt – zu rationalisieren. Welcher Mechanismus hierbei am Werk ist, erklärt die Dissonanztheorie, die später noch zur Sprache kommen wird.

In seinem materialreichen Buch *Die große Verführung* führt Levine weitere Ergebnisse an, die im Zusammenhang mit Untersuchungen zur Wirksamkeit der Unverwundbarkeitsillusion erzielt wurden. Unter Bezugnahme auf zwei Studien von N. D. Weinstein[13] stellt er fest:[14] Nicht nur hinsichtlich ihrer eigenen Lebenserwartung machen sich die meisten Menschen nur zu gern etwas vor, sondern auch hinsichtlich möglicher Krankheiten. Von Krankheiten – und zwar von allen, von Lungenentzündung und Lungenkrebs bis hin zu Senilität und Zahnfäule –, so glauben die meisten Menschen, seien sie persönlich weit weniger bedroht als andere. Die überwiegende Anzahl der befragten

Die Illusion der Unverwundbarkeit 39

Personen schätzte ihr Risiko, von dieser oder jener Krankheit betroffen zu werden, um einiges niedriger ein, als es statistisch gesehen tatsächlich ist.

Bemerkenswert ist auch ein Nebenaspekt der Weinstein-Studie. So wussten einige der Probanden sehr wohl um die Illusion der Unverwundbarkeit, aber das führte, wie auch die Snyder-Studie deutlich werden ließ, nicht zu einer realistischen Risikoeinschätzung. Vielmehr trafen die betreffenden Personen unter Umständen Maßnahmen, um einer bestimmten Krankheit, zum Beispiel Lungenkrebs, vorzubeugen. Noch bemerkenswerter, nein eigentlich erschreckend ist, dass vor allem die Testpersonen mit dem höchsten Risiko am tiefsten von ihrer Unverwundbarkeit überzeugt waren. Levine verweist über Weinsteins Untersuchungen hinaus noch auf eine australische Studie über Raucher: Die überwältigende Mehrheit der Raucher stufte ihr eigenes Risiko, typische Raucherkrankheiten wie Lungenkrebs oder Herzerkrankungen zu bekommen, als erheblich geringer ein als das anderer Raucher!

Ein ähnliches Bild bietet sich, wenn man sich über Lebenserwartung und Krankheit hinaus anderen Lebensbereichen zuwendet. Die Scheidungsrate in den USA liegt derzeit bei 50 Prozent. Das bedeutet, de facto wird jede zweite Ehe geschieden. Befragt man nun unverheiratete und verheiratete Personen, wie sie vor dem Hintergrund dieser Zahlen ihre eigene Situation einschätzen, so erhält man stets die Antwort, das nächste Mal werde es jemand anderen treffen. Dass auch hier das Wissen um die Tatsachen keine Auswirkungen auf die Beurteilung der eigenen Situation hat, beweist eine großangelegte amerikanische Studie, bei der Personen befragt wurden, die soeben das Aufgebot bestellt hatten. Sie alle wussten um den Sachverhalt, dass etwa die Hälfte aller in den USA geschlossenen Ehen mit einer Scheidung endet. Die Wahrscheinlichkeit, dieses Schicksal könnte auch die eigene Ehe ereilen, schätzten die Befragten jedoch auf null Prozent.[15] Dieses Ergebnis beweist nicht nur die Macht der Unverwundbarkeitsillusion, es bestätigt auch das Bonmot George Bernard Shaws: „Liebe ist der Sieg der Hoffnung über die Erfahrung."

In Anbetracht dieser Forschungsergebnisse wird es nun nicht mehr verwundern, dass die Lage hinsichtlich erwarteter Unterhaltszahlungen nach einer Scheidung, unerwünschter Schwangerschaften oder auf den Feldern Arbeit und Beruf im Großen und Ganzen ähnlich ist. Auch im Blick auf Naturkatastrophen ergibt sich das gleiche Bild: Menschen, die in stark von Erdbeben bedrohten Regionen Kaliforniens leben, unterschätzen die Wahrscheinlichkeit, dass es in den nächsten zwanzig Jahren zu einem großen Beben kommt, um ganze 27 Prozent. Und auch wenn die Unverwundbarkeitsillusion durch reale Ereignisse erschüttert wird, kann man sicher sein, dass sie sich bald wieder regeneriert. Geradezu Bände sprechen die Einschätzungen, die die Menschen vornahmen, die 1989 das starke Erdbeben in Nordkalifornien – es hatte eine Stärke von 7,1 auf der Richter-Skala – miterlebt hatten. Drei Tage nach dem Beben saß bei so manchem der Schock offenbar noch tief. Viele gaben an, ihr Risiko, bei einer zukünftigen Naturkatastrophe schwer verletzt zu werden, sei höher als das anderer Menschen. Aber diese nüchterne und realistische Beurteilung des eigenen Risikos hielt nicht lange an. Bereits drei Monate später hatte der illusionäre Schleier der Unverwundbarkeit den realistischen Blick wieder getrübt, und zwar nachhaltig, denn die gleichen Personen gaben sich nun überzeugt, die Wahrscheinlichkeit, in Zukunft verletzt zu werden, sei bei ihnen erheblich geringer als bei anderen Bewohnern ihrer Region.[16] Angesichts dieser Ergebnisse kann man im Grunde nur noch mit Levine den Dichter Edward Young zitieren, der 1797 in *The Complaint: Night Thoughts* festhielt: „Alle Menschen denken, dass alle Menschen sterblich sind, ausgenommen sie selbst."

Auch wenn die Macht der Unverwundbarkeitsillusion nach all den herangezogenen Befunden überwältigend zu sein scheint, so ist diese Illusion selbst doch nicht unveränderbar. Um eine Veränderung der eigenen Einschätzung herbeiführen zu können, bedarf es für gewöhnlich jedoch eines einschneidenden und gravierenden Ereignisses. Solche Ereignisse liegen beispielsweise dann vor, wenn Menschen, die uns nahestehen, etwas zustößt oder jemand, dessen Lebensstil unserem gleicht, plötzlich an einem Herzinfarkt stirbt. Dann erkennen wir schlagartig unsere eigene Verwundbarkeit und beurteilen unsere Situation in der Folge realistischer. Nicht selten jedoch schlägt dann das Pendel, wie von Levine angeführte Untersuchungen belegen, in die entgegengesetzte Richtung aus: Nun tendiert man eher dazu, die Sachlage unrealistisch pessimistisch zu beurteilen. Der Schicksalsschlag verführt uns, fortan das denkbar Schlimmste für uns selbst anzunehmen. Auch in einem solchen Fall verzerren wir die Realität, betrachten wir sie durch einen verhüllenden Schleier – nur ist der jetzt nicht rosarot, sondern schwarz eingefärbt.

Die Untersuchungen, auf die hinsichtlich der Unverwundbarkeitsillusion bislang Bezug genommen wurde, stammen ausschließlich aus dem westlichen Kulturkreis. In anderen Kulturen – das bezeugen einschlägige Studien – ist diese Illusion weniger stark ausgeprägt. Hier lassen sich aufschlussreiche interkulturelle Unterschiede feststellen. In gruppenzentrierten Kulturen, wie etwa den asiatischen, zählt das individuelle Wohlergehen weniger als das Gedeihen des größeren Ganzen. Das hat messbare Auswirkungen für die Einschätzung der eigenen Verwundbarkeit. Aus Japan liegen beispielsweise Forschungsergebnisse vor, denen zufolge die Menschen dort die Wahrscheinlichkeit, in Zukunft schwerwiegende Probleme zu bekommen, für sich selbst ungefähr gleich hoch einschätzen wie für ihre Landsleute.[17] Hier ist die Illusion der eigenen Unverwundbarkeit ganz offensichtlich weit weniger verbreitet als in den westlichen Kulturen mit ihrem Individualismuskult.

Die Illusion der Überdurchschnittlichkeit

Auf dem Feld des Sozialverhaltens ist die Illusion der Unverwundbarkeit oftmals verknüpft mit einer zusätzlichen Illusion, die wir uns über uns selbst machen, nämlich derjenigen, dass wir schon allein durch unsere individuelle Persönlichkeit besser gegen Verführungen und Manipulationen gewappnet sind als unsere Mitmenschen. Die moderne Psychologie hat dafür die Bezeichnung „Illusion der Überdurchschnittlichkeit" geprägt.

Robert Levine hat zusammen mit seinen Studenten Nathanael Fast und Joseph Gerber 2002 untersucht, wie sich diese Illusion auf die Beeinflussbarkeit von Menschen auswirkt.[18] Ihre Versuchspersonen sollten zunächst einschätzen, welche Persönlichkeitsmerkmale besonders stark mit der Anfälligkeit für psychische Manipulation korrelieren. Diese Merkmale – unter anderen Naivität, Leichtgläubigkeit, Angepasstheit, Mangel an Unabhängigkeit, Selbstvertrauen und Selbstbewusstsein – wurden in der Folge 268 Studenten vorgelegt. Diese sollten sich nun hinsichtlich dieser Persönlichkeitseigenschaften mit anderen Studierenden ihrer Altersgruppe und ihres Geschlechts vergleichen. Nach allem, was wir im letzten Kapitel über die Macht der Unverwundbarkeitsillusion gehört haben, wird es uns kaum überraschen, dass sich die Studenten in der überwiegenden Zahl der Fälle für überdurchschnittlich hielten. Im Einzelnen ermittelten Levine und sein Team folgende Resultate:

- 50 Prozent der Studenten sagten, sie seien weniger naiv als der Durchschnittsstudent gleichen Alters und Geschlechts; nur 22 Prozent gaben an, sie seien naiver als der Durchschnitt.
- 43 Prozent hielten sich für weniger leichtgläubig als der Durchschnitt; nur 25 Prozent glaubten, sie seien leichtgläubiger.
- 46 Prozent gaben an, sie seien weniger angepasst als der Durchschnitt; nur 16 Prozent hielten sich für angepasster.
- 74 Prozent bezeichneten sich als überdurchschnittlich unabhängig; nur knapp ein Zehntel (7 Prozent) hielt sich als weniger unabhängig.
- 63 Prozent gaben an, ihr Selbstvertrauen sei überdurchschnittlich hoch; nur 13 Prozent glaubten, ein geringeres Selbstvertrauen zu haben als der Durchschnitt.
- 55 Prozent sagten, sie träten selbstbewusster auf als Gleichaltrige; nur 15 Prozent bezeichneten sich als weniger selbstbewusst.

Im weiteren Verlauf der Untersuchung gaben die Versuchspersonen an, sie besäßen spezielle Kenntnisse und Fertigkeiten, die sie vor unerwünschter Manipulation schützten. Das heißt, sie waren allen Ernstes überzeugt, in einem überdurchschnittlichen Maß gegen Verführung, Überredung und dergleichen gewappnet zu sein:

- 77 Prozent sagten, sie nähmen stärker als der Durchschnitt wahr, wie Gruppen Menschen manipulieren; nur 3 Prozent gaben an, sie lägen unter dem Durchschnitt.
- 61 Prozent sagten, sie wüssten mehr über Täuschungsmethoden als andere Gleichaltrige; dagegen gaben nur 11 Prozent an, sie wüssten weniger darüber als der Durchschnitt.
- 66 Prozent glaubten, sie hätten ein überdurchschnittlich kritisches Denkvermögen; hingegen sagten nur 5 Prozent, sie seien weniger kritisch als der Durchschnitt.

Diese Ergebnisse sind deshalb so besonders pikant, weil andere Versuchsreihen zur Illusion der Überdurchschnittlichkeit gezeigt haben, dass ausgerechnet diejenigen Versuchspersonen, die über die wenigsten Kompetenzen verfügten, ihre Fähigkeiten am meisten überschätzten. Die Illusion, wir seien besser als der Durchschnitt, enthält gewissermaßen ein sich selbst erhaltendes Element, wie Levine diesen Sachverhalt formuliert. Mit anderen Worten: Augenscheinlich lernen die Inkompetenten nicht aus ihren Fehlern. Aber warum ist das so? Auch auf diese Frage hält die sozialpsychologische Forschung eine Antwort bereit. Aufgrund einer Versuchsreihe zogen David Dunning und Joseph Kruger das Fazit, einer der Gründe dafür sei, „dass die Fähigkeiten, die erforderlich sind, um eine Aufgabe erfolgreich zu meistern, oft genau dieselben sind, die man braucht, um ein Scheitern an eben dieser Aufgabe zu erkennen"[19]. An Beispielen verdeutlicht heißt das konkret: Wer nur schlecht logisch denken kann, ist nicht gut dafür gerüstet, die Logik seiner Äußerungen und Argumente zu beurteilen. Oder: Die Fähigkeiten, die notwendig sind, um einen grammatisch korrekten Satz zu erzeugen, sind genau die, die man braucht, um zu erkennen, ob ein Satz grammatisch korrekt ist. „Das Wissen", schreiben Dunning und Kruger, „das der Fähigkeit zugrunde liegt, ein richtiges Urteil zu fällen, ist genau dasselbe Wissen, das der Fähigkeit zugrunde liegt, ein richtiges Urteil zu erkennen. Fehlt einem das erste, mangelt es einem auch am letzteren."[20]

Und dennoch: Wie oft wähnt man nicht, genau über die Kompetenzen zu verfügen, die einem mangeln. Auf diese Weise läuft die Illusion der Überdurchschnittlichkeit am Ende auf eine, mit Levine gesprochen, „sich selbst erhaltende Inkompetenz" hinaus. Zwar bestehen hinsichtlich der Illusion der Überdurchschnittlichkeit große individuelle Unterschiede. Zudem haben nicht wenige mit dem entgegengesetzten Problem zu kämpfen: sie tendieren dazu, sich auf ihre Mängel und Inkompetenzen zu konzentrieren und ihre Stärken und Kompetenzen für illusionär zu erachten. Aber auch sie erliegen, ebenso wie diejenigen, die sich für überdurchschnittlich halten, illusionärem Wahn.

Die Kunst, sich selbst ungewollt zu manipulieren: Selbsterfüllende Prophezeiungen.

Ein probates Verfahren, sich selbst und andere in unangenehme Lagen hineinzumanövrieren, liegt mit demjenigen vor, das Paul Watzlawick, Janet Beavin und Don Jackson als „selbsterfüllende Prophezeiungen" („self-fulfilling prophecies") bezeichnet haben.[21] Sie bestimmen sie als „Verhaltensformen, die in anderen Menschen Reaktionen auslösen, auf die das betreffende Verhalten eine adäquate Reaktion wäre, wenn sie es nicht selbst bedingt hätte". Diese recht abstrakte Beschreibung des Phänomens bedarf fraglos der Verdeutlichung. Greifen wir zu diesem Zweck ein Beispiel auf, das Watzlawick, Beavin und Jackson selbst in diesem Zusammenhang anführen. Nehmen wir an, jemand ist – aufgrund welcher Vorkommnisse, Prägungen und dergleichen auch immer – überzeugt, er werde von niemandem respektiert und geschätzt. Mit der Zeit wird der Betreffende sein Verhalten an dieser Überzeugung ausrichten: Er wird also ein misstrauisches, abweisendes oder vielleicht auch aggressives Benehmen anderen gegenüber an den Tag legen. Seine Mitwelt wird darauf höchstwahrscheinlich mit Unmut reagieren, sich mehr und mehr von ihm abwenden, ihn mit schiefen Blicken beäugen und ihn mit der Zeit tatsächlich nicht mehr schätzen und respektieren. Damit hat der Betreffende erreicht, was er wollte: Er hat sich seine ursprüngliche Annahme „bewiesen"; die Prophezeiung, niemand schätze und respektiere ihn, hat sich erfüllt. Das heißt konkret und mit Blick auf die angeführte Definition selbsterfüllender Prophezeiungen, dass er eine Verhaltensweise an den Tag legt, die auf die Unmutsäußerungen der anderen und deren geringen Respekt ihm gegenüber in der Tat eine angemessene Reaktion wäre. Nur, und das ist das Entscheidende, er selbst hat ja durch seine Annahme, niemand respektiere ihn, und sein dementsprechendes Verhalten das abweisende Verhalten der anderen ausgelöst.

Watzlawick und seine Koautoren weisen darauf hin, der Mechanismus der selbsterfüllenden Prophezeiungen sei in der ostjüdischen Familientradition lange Zeit bewusst zum Zweck der Heiratsvermittlung angewendet worden. „Die von den Eltern im gegenseitigen Einverständnis zwischen den Familien vorgenommene Gattenwahl", so schreiben sie, „stieß begreiflicherweise oft auf ein geringes Interesse seitens der füreinander vorgesehenen jungen Leute. In solchen Fällen bedienten sich die Eltern der Hilfe eines Ehestifters, der im Allgemeinen so vorging, dass er sich zunächst einen der Partner vornahm und ihn ‚insgeheim' darauf aufmerksam machte, dass der andere sehr an ihm interessiert sei, es aber nicht zu zeigen wage. Er forderte z. B. die zukünftige Braut auf, doch das nächste Mal darauf zu achten, wie der junge Mann sie fortwährend beobachte, wenn sie nicht hinsehe. Den zukünftigen Bräutigam überredete er in entsprechender Weise. Wie man sich unschwer vorstellen kann, erfüllten sich die beiden Voraussagen sehr rasch."[22]

Dem Mechanismus der selbsterfüllenden Prophezeiung ist auch die Erfüllung des einen oder anderen Orakelspruchs zu verdanken, die für die Betroffenen im Allgemeinen schreckliche und tragische Folgen hat. Ein prominentes Beispiel dafür ist die Geschichte des Ödipus. Seinen Eltern, dem thebanischen König Laios und dessen Gemahlin Iokaste, wurde prophezeit, sie bekämen einen Sohn, der seinen Vater töten und seine Mutter heiraten werde. Als dem bislang kinderlosen Ehepaar dann tatsächlich ein Sohn geboren wurde, taten die Eltern ihr Möglichstes, damit diese Vorhersage sich nicht erfülle: Sie setzten das Kind mit durchstochenen Füßen im Gebirge aus. Doch dort fand es ein

Hirte, der dem Jungen den Namen „Oidipous", das heißt „Schwellfuß", gab und ihn zu seinem Herrscher brachte, der den kleinen Ödipus großzog. Ödipus erhielt nun seinerseits, als er das Orakel zu seinem weiteren Lebensschicksal befragte, die Prophezeiung, er werde seinen Vater töten und seine eigene Mutter ehelichen. Da er seine Pflegeeltern für seine leiblichen Eltern hielt, verließ er sie, damit sich der furchtbare Orakelspruch nicht erfüllen konnte. Auf seiner ziellosen Wanderung kam es irgendwann in einem engen Hohlweg zu einem Streit mit einem ihm entgegenkommenden Tross. Im Verlauf dieses Streits erschlug Ödipus alle bis auf einen. Unter den Erschlagenen befand sich auch sein Vater Laios, was Ödipus zu diesem Zeitpunkt allerdings noch nicht wusste. Der weitere Verlauf seiner Wanderungen führte ihn schließlich in seine Heimatstadt Theben. Dort regierte seit dem Tod ihres Gatten Iokaste. Fatalerweise wurde die Stadt von der Sphinx, einem geflügelten Ungeheuer, terrorisiert. Iokastes Bruder Kreon hatte bekannt gegeben, er werde demjenigen, der die Stadt von dem Ungeheuer befreie, seine Schwester zur Gemahlin geben. Natürlich ahnt man jetzt schon, wie es kommen würde: Ödipus befreite die Stadt von der Sphinx und bekam Iokaste, seine eigene Mutter, zur Frau. Damit hatte sich die Orakelprophezeiung in allen Einzelheiten erfüllt.

Der österreichisch-britische Philosoph Karl R. Popper betont, für Ödipus erfüllte sich die schreckliche Prophezeiung deswegen, *weil* er von ihr wusste und ihr zu entgehen versuchte. Gerade dadurch stellte er die Weichen so, dass sich der Orakelspruch am Ende erfüllte.[23]

Die Ödipus-Geschichte ist deswegen ein schönes Beispiel für den Mechanismus der selbsterfüllenden Prophezeiung, weil sich an ihr gut studieren lässt, welche Wirkung Vermeidung haben kann: Sie besitzt nämlich die Fähigkeit, unter bestimmten Umständen genau das herbeizuführen, was vermieden werden soll. Nimmt man diese Umstände einmal genauer in Augenschein, so wird man mit Watzlawick im Wesentlichen drei Bedingungen für das Funktionieren selbsterfüllender Prophezeiungen ausmachen können:[24] Erstens muss es eine Voraussage im weitesten Sinn geben. Dabei kann es sich um jede Erwartung, Besorgnis, Überzeugung oder jeden Verdacht handeln, dass eine

Angelegenheit so und nicht anders verlaufen wird. Diese Funktion kann auch das Horoskop in der Zeitung von heute erfüllen, das mich vor einem möglichen Unfall warnt. Die betreffende Erwartung kann entweder von außen ausgelöst werden, etwa durch andere Menschen, einen Orakelspruch oder ein Horoskop, oder durch innere Überzeugungen, wie beispielsweise Träume, Befürchtungen oder fixe Ideen. Zweitens muss diese Erwartung mehr sein als eine reine Erwartung. Sie muss als bevorstehende Tatsache gesehen werden, zu deren Vermeidung sofort Gegenmaßnahmen ergriffen werden müssen. Und drittens schließlich ist die Annahme umso überzeugender, je mehr Menschen sie teilen und je weniger sie anderen Annahmen widerspricht.

Zur Verdeutlichung sei hier ein anderes Beispiel Watzlawicks zitiert: „So genügt zum Beispiel die Annahme – ob sie faktisch begründet oder grundlos ist, spielt keine Rolle –, dass die anderen über einen tuscheln und sich heimlich lustig machen. Angesichts dieser ‚Tatsache' legt es der gesunde Menschenverstand nahe, den Mitmenschen nicht zu trauen und, da das Ganze natürlich unter einem löchrigen Schleier der Verheimlichung geschieht, genau aufzupassen und auch die kleinsten Indizien in Betracht zu ziehen. Es ist dann nur eine Frage der Zeit, bis man die anderen beim Tuscheln und heimlichen Lachen, beim konspirativen Augenzwinkern und gegenseitigen Zunicken ertappen kann. Die Prophezeiung hat sich erfüllt."[25]

Auf einen selbst bezogen funktioniert der Mechanismus so gearteter selbsterfüllender Prophezeiungen vor allem dann reibungslos, wenn man sich hinsichtlich seines eigenen Beitrags zu dessen Funktionieren keine Rechenschaft ablegt. Davon einmal abgesehen haben selbsterfüllende Prophezeiungen grundsätzlich einen, wie Watzlawick sich ausdrückt, „geradezu magischen ‚wirklichkeits'-schaffenden Effekt": Sie erzeugen die Realität, das Ereignis, die Geschehensabfolge, die sie voraussagen. Und: Sie funktionieren nicht nur im kleinen, eher privaten zwischenmenschlichen Bereich, sondern auch in einem größeren, ja gesamtgesellschaftlichen und gar internationalen Rahmen. Wird beispielsweise, wie Watzlawick diesen Sachverhalt zu verdeutlichen versucht, einer Minderheit der Zugang zu bestimmten Erwerbsquellen (etwa Handwerk oder Landwirtschaft) deswegen verwehrt, weil die betreffenden Menschen nach Ansicht der Mehrheit faul, geldgierig und vor allem „volksfremd" sind, so werden sie gleichsam gezwungen, ihren Lebensunterhalt anderweitig zu verdienen, etwa als Trödler, Schmuggler, Pfandleiher oder ähnliches – was die abschätzige Meinung der Mehrheit dann „klar" bestätigt.

Sehen wir uns noch einige weitere Beispiele Watzlawicks an, die die Reichweite und Gefahr selbsterfüllender Prophezeiungen sehr gut veranschaulichen. Je mehr Verkehrszeichen beispielsweise aufgestellt werden, desto mehr Autofahrer werden zu Verkehrssündern. Das macht in der Folge die Aufstellung weiterer Verkehrszeichen „notwendig" – und die Spirale schraubt sich hoch und höher. Oder: Je mehr sich eine Nation vom Nachbarstaat bedroht fühlt, desto mehr wird sie sich zu ihrer Verteidigung rüsten. Entsprechend wird der Nachbarstaat nun seinerseits seine eigenen Rüstungsausgaben erhöhen. Damit ist der Ausbruch des (längst erwarteten) Kriegs nur noch eine Frage der Zeit. Und ferner, als letztes Beispiel: „Je höher die Steuersätze eines Landes hinaufgeschraubt werden, um für die Hinterziehungen der natürlich für unehrlich gehaltenen Steuerzahler zu kompensieren, desto mehr werden auch ehrliche Bürger zum Schwindeln veranlasst."[26]

In allen so oder ähnlich gelagerten Fällen gilt, so hält Watzlawick fest: „Die Prophezeiung des Ereignisses führt zum Ereignis der Prophezeiung." Die Voraussetzung dafür, dass genau das eintritt, „ist nur, dass man sich selbst etwas prophezeit oder prophezeien lässt und dass man es für eine unabhängig von einem selbst bestehende oder unmittelbar bevorstehende Tatsache hält. Auf diese Weise kommt man genau dort an, wo man nicht ankommen wollte."[27] Unter dieser Voraussetzung hat man mit selbsterfüllenden Prophezeiungen einen nahezu unfehlbaren Mechanismus an der Hand, mit dessen Hilfe man sich auf treffliche Art und Weise ins Abseits manövrieren, sich selbst unglücklich machen und sein Handeln und Verhalten dahingehend manipulieren kann, dass man sich, im Extremfall, selbst ins Verderben stürzt. Besonders fatal wird die Angelegenheit dann, wenn – wie in der

Geschichte von Ödipus – andere ohne ihr Wissen oder gegen ihren Willen in Mitleidenschaft gezogen werden.

Einig mit sich selbst:
Kognitive Dissonanz und Konsonanzstreben

Immanuel Kant erachtete es als eine Forderung der aufgeklärten Vernunft, allezeit in Übereinstimmung mit sich selbst zu denken und zu handeln. Im alltäglichen Leben begegnet dies in der Form eines Strebens nach Kohärenz oder Konsonanz, nach Zusammenhang und Zusammenklang von Denken und Handeln. Die meisten Menschen halten jemanden nur dann als Persönlichkeit für überzeugend, wenn er tut, was er denkt und sagt, und so denkt und spricht, wie er handelt. Zudem sind wir bestrebt, unsere aktuellen Handlungen so einzurichten, dass sie mit denen übereinstimmen, die wir in der Vergangenheit ausgeführt haben. Weichen Menschen in ihrem Handeln von dem ab, was sie sagen, dann sind wir leicht geneigt, ihnen Heuchelei und Verlogenheit vorzuwerfen. Auch bei uns selbst können wir dieses Phänomen feststellen. Müssen wir uns eingestehen, dass unser Handeln nicht recht in Einklang mit unserem Denken steht, dann erleben wir das als Gefühl einer unangenehmen inneren Spannung. In der modernen Psychologie bezeichnet man diesen Sachverhalt als „kognitive Dissonanz" und das Bestreben, Denken und Handeln in Übereinstimmung zu bringen, als „kognitives Konsonanzstreben".[28] Das kognitive Konsonanzstreben zielt darauf ab, jenes unangenehme Gefühl der Spannung und des Unbehagens, das durch widersprüchliche Kognitionen, also widersprüchliche Einsichten, Erfahrungen und Erkenntnisse, hervorgerufen wird, zu reduzieren beziehungsweise zu beseitigen.

Versuchen wir uns die Problematik, um die es hier geht, an einem Beispiel zu verdeutlichen. Es ist bekannt, dass Menschen, die rauchen, für gewöhnlich wissen, dass Rauchen ihre Gesundheit ernsthaft gefährdet. Erkenntnis und Verhalten klaffen hier deutlich auseinander:

Zwischen beiden besteht eine Dissonanz. Da dieser Zustand auf Dauer als unangenehm empfunden wird, ist die entsprechende Person bestrebt, die Dissonanz zu verringern. Die naheliegendste, vernünftigste und der Gesundheit zuträglichste Strategie, das zu bewerkstelligen, besteht natürlich darin, das Rauchen aufzugeben. Aber das ist in der Regel leichter gesagt als getan. Jeder Raucher oder ehemalige Raucher weiß, wie schwer es ist, mit dem Rauchen aufzuhören. Also raucht man weiter und versucht, sein Verhalten mit scheinbar vernünftigen Gründen zu rechtfertigen, es – anders gesagt – zu rationalisieren. So kann man beispielsweise auf Informationen zurückgreifen, die das Gesundheitsrisiko herunterspielen oder es bagatellisieren: „Ich rauche nur Zigaretten mit Filter und niedrigem Teer- und Nikotingehalt." Oder es werden zur eigenen Beruhigung Ausnahmen angeführt: „Mein Großvater mütterlicherseits hat zeit seines Lebens geraucht und ist fast neunzig Jahre alt geworden." „Ich habe vor kurzem von jemandem gehört, der war noch nicht einmal fünfzig und ist an Lungenkrebs gestorben, obwohl er nie geraucht hat."

Diese Liste ließe sich noch lange fortführen. Zweifelsohne reduzieren all die angeführten Argumente die ursprüngliche Dissonanz. Aber viel entscheidender ist: Keiner dieser Rationalisierungsversuche führt zu einer grundlegenden Verhaltensänderung, nämlich der, mit dem Rauchen aufzuhören. Robert Levine hält in seinem Buch *Die große Verführung* genau das für den springenden Punkt: „Je weniger Sie Ihr Verhalten ändern", schreibt er, „desto mehr rationalisieren Sie; und je mehr Sie rationalisieren, desto unwahrscheinlicher ist es, dass Sie mit dem Rauchen aufhören."[29]

Insgesamt gilt für Dissonanz erzeugende Entscheidungen: Je wichtiger eine Entscheidung ist, umso stärker und ausgeprägter ist das Bestreben, die Dissonanz zu reduzieren. Das Gleiche gilt, wenn die betreffende Entscheidung dauerhaft und unwiderruflich ist oder wenn man psychisch und/oder materiell viel investiert hat. In bestimmten sozialen Situationen werden genau diese Erkenntnisse der Dissonanztheorie gezielt eingesetzt, zum Beispiel in Verkaufsgesprächen und bei Vertragsabschlüssen. Durch Anzahlungen, Vorleistungen und mehrmalige aufwendige Beratungen wird beim Kunden das Gefühl der Verpflichtung erhöht, das heißt, es wird in ihm bewusst eine Dissonanz erzeugt. Der Versicherungsvertreter, so sagt man sich schließlich, hat doch keinerlei Mühe gescheut, mich wiederholt zu beraten. Also fühlt man sich verpflichtet, ihm entgegenzukommen, will sagen, den von ihm vorgeschlagenen Versicherungsvertrag abzuschließen. Anders, so meint man, lasse sich die innere Spannung, die Dissonanz, nicht verringern, nicht beseitigen. Ähnliches kann man im juristischen Bereich feststellen: Der Anwalt, der seinem Klienten zu verstehen gibt, mit dem Gang zur höheren Instanz stiegen die Chancen, den Rechtsstreit zu gewinnen (allerdings auch die Kosten), lenkt – selbst wenn ihm der Mechanismus der Dissonanzreduktion nicht bekannt oder bewusst ist – seinen Klienten in für ihn, den Anwalt, angenehme und erfreuliche Bahnen.

Dieser Mechanismus, bei dem es sich ja, wenn er so wie in den hier vorgestellten Beispielen eingesetzt wird, im Grunde um nichts anderes handelt als um geschickt getarnte Manipulation, funktioniert deswegen so gut, weil er sich des von der Dissonanzforschung erbrachten Resultats bedient, dass wir Informationen nicht in unvoreingenommener Weise verarbeiten, sondern sie infolge unseres inneren Bedürfnisses nach Konsonanz und Konsistenz verzerren. Dies gilt umso mehr, je dringlicher wir einen inneren Rechtfertigungsnotstand verspüren.

Das klassische Experiment dazu haben Leon Festinger und J. Merrill Carlsmith in den 1950er Jahren durchgeführt. In diesem Experiment wurden die Versuchspersonen – wie so oft handelte es sich um Studenten – durch geschickt arrangierte Versuchsbedingungen zum Lügen veranlasst, ja geradezu verführt. Und zwar mussten sie eine geschlagene Stunde lang eine Aufgabe ausführen, die nun wahrlich alles andere als reizvoll und anregend war: Sie sollten nämlich Rundhölzer in einem Loch erst eine Vierteldrehung nach rechts, dann eine Vierteldrehung nach links drehen. Nach Ablauf der vorgegebenen Zeit wurde den Versuchspersonen mitgeteilt, der eigentliche Zweck der Studie bestehe darin, die Auswirkungen der Erwartung auf die zu erbringende

Leistung zu untersuchen. Im Wartezimmer sitze nämlich ein weiterer Versuchsteilnehmer, und es sei wichtig, ihn davon zu überzeugen, dass er an einem interessanten Experiment teilnehme. Normalerweise übernehme diese Aufgabe der Assistent des Versuchsleiters, aber der sei heute leider nicht da. Und so bitte der Versuchsleiter ihn, den Probanden, inständig darum, heute ausnahmsweise diese Überzeugungsarbeit zu leisten.

Nachdem die Versuchspersonen sich dazu bereit erklärt hatten, für den abwesenden Forschungsassistenten einzuspringen, wurden sie in zwei Gruppen eingeteilt. Der einen Gruppe wurde ein nur geringer Geldbetrag – auf heutige Verhältnisse umgerechnet etwa fünf Dollar – dafür angeboten, der wartenden Versuchsperson vorzulügen, sie nehme an einem interessanten Experiment teil. Die Personen der anderen Gruppe erhielten für die gleiche Aufgabe einen viel höheren Betrag, nämlich hundert Dollar (wiederum auf heutige Verhältnisse hochgerechnet). Nun machten sich die Versuchspersonen ans Werk und täuschten den nachfolgenden Versuchsteilnehmern vor, in der nächsten Stunde erwarte sie ein interessantes Experiment. Anschließend wurden sie von einem anderen Forschungsassistenten gebeten, einen Fragebogen auszufüllen, in dem sie angeben sollten, wie interessant sie selbst das Experiment denn nun tatsächlich gefunden hatten.

Auf diese Weise wollten Festinger und Carlsmith herausfinden, welche der beiden Gruppen eher dazu tendierte, die eigene Lüge zu glauben. Wahrscheinlich sind wir an dieser Stelle geneigt zu meinen, derjenige, der eine Menge Geld dafür erhält, dass er lügt, werde seine eigene Lüge wohl auch eher glauben. Festingers und Carlsmiths Theorie der kognitiven Dissonanz behauptet nun jedoch das genaue Gegenteil: Jemand, der viel Geld für seine Lüge bekommt, besitzt eine ausreichende Rechtfertigung für sein Handeln. Bei ihm ist wenig Dissonanz vorhanden; folglich besteht für ihn keinerlei Notwendigkeit, sein Verhalten zu rationalisieren, es zu rechtfertigen. Die Personen der anderen Gruppe hingegen, die nur lumpige fünf Dollar erhalten haben, brauchen einen guten Grund für ihre Lüge. Hier ist viel Dissonanz vorhanden, hier ist der Druck, das eigene Verhalten zu rationalisieren, groß. Die bequemste Rationalisierung besteht in einem Fall wie dem vorliegenden darin, sich selbst zu der Überzeugung durchzuringen, im Grunde gar nicht gelogen zu haben. Und genau das kam dann auch im weiteren Verlauf des Experiments ans Tageslicht: Diejenigen Versuchspersonen, die für ihr Lügen den geringen Geldbetrag erhalten hatten, beurteilten die Aufgabe am Ende mehr als doppelt so interessant als diejenigen, die den hohen Geldbetrag bekommen hatten. Mit anderen Worten: Diejenigen, die eine große materielle Belohnung erhalten hatten und demzufolge eine ausreichende Rechtfertigung für ihr Verhalten besaßen, sagten zwar die Unwahrheit, glaubten sie selbst aber nicht. Die Mitglieder der zweiten Gruppe hingegen, also die mit einer nur geringen Belohnung und einer entsprechend unzureichenden Rechtfertigung, überzeugten sich von ihrem eigenen Tun, indem sie sich selbst erfolgreich einredeten, eigentlich gar nicht gelogen zu haben.

Diese Befunde der Dissonanztheorie sind für die Frage nach der Manipulierbarkeit des Menschen von außerordentlicher Bedeutung. Denn demjenigen, der einen anderen manipulieren will, muss es lediglich gelingen, bei diesem eine kognitive Dissonanz, also eine Dissonanz zwischen Denken und Handeln, zu erzeugen. Dann wird der Betreffende aktiv werden und bestrebt sein, diese Dissonanz zu verringern oder zu beseitigen. Das geht aber nur, wenn er versucht, entweder sein Denken oder sein Handeln zu ändern. Damit ist der Prozess der Rechtfertigung und Rationalisierung in Gang gesetzt – und die Manipulation wird gewissermaßen zum Selbstläufer.

Der nur zu willige Geist: Das Zimbardo-Experiment

Die Dissonanztheorie beschreibt, so haben wir gesehen, wie es unserem mentalen Apparat gelingt, die Kluft, die sich gelegentlich zwischen unserem Denken und Handeln auftut, zu verkleinern oder gar ganz zu schließen, so dass man schließlich wieder einig mit sich selbst ist. Sie macht jedoch keine Aussagen darüber, wie das Verhältnis zwischen unserem Denken und Handeln im Einzelnen beschaffen ist. Für gewöhnlich gehen wir davon aus, unser Handeln und Verhalten spiegele unser Denken, allgemeiner gesagt: unsere mentale Aktivität und Befindlichkeit, wider. Die Frage jedoch ist: Könnte es nicht hin und wieder auch so sein, dass unser Tun unser Denken steuert, dass sich unsere mentale Aktivität, also unser Denken, Empfinden und Fühlen, als abhängig von dem erweist, was wir gerade tun?

Um eine Antwort auf diese Frage zu erhalten, inszenierte der US-amerikanische Psychologe Philip Zimbardo 1971 ein spektakuläres Experiment.[30] (Dieses Experiment bildete übrigens die Grundlage des Spielfilms *Das Experiment* von Oliver Hirschbiegel, der 2001 in den deutschen Kinos für Furore sorgte.) Im Keller des Psychologischen Instituts der Stanford-Universität bildete Zimbardo ein Gefängnis nach. Durch Zeitungsannoncen hatte er Freiwillige gefunden, die bereit waren, als Teilnehmer an einem auf zwei Wochen angelegten Experiment zum Leben im Gefängnis mitzuwirken. All diejenigen, die sich als Versuchsteilnehmer gemeldet hatten, mussten vor Beginn des Experiments eine Reihe von ausführlichen psychologischen Tests und Interviews hinter sich bringen. Ausgewählt wurden dann diejenigen, die aufgrund dieser Tests als gesetzestreu, emotional stabil, körperlich gesund und psychisch „normal/durchschnittlich" eingestuft worden waren. Zimbardo und sein Team konnten also weitgehend sicher sein, dass sich unter den Versuchspersonen keine Psycho- und Soziopathen befanden. Per Losentscheid wurde dann entschieden, wer von den Freiwilligen die Rolle eines Gefangenen und wer die Rolle eines Wärters übernehmen sollte. Die Gefangenen waren, ihrem Status entsprechend, rund um die Uhr im Gefängnis, und die Wärter versahen ihren Dienst in üblichen Acht-Stunden-Schichten.

Zimbardo fragte sich, was passieren würde, nachdem die Versuchsteilnehmer die ihnen zufällig angewiesenen Rollen übernommen hatten. Zu seinem Erstaunen benahmen sich beide Gruppen sehr rasch wie ihre Pendants in wirklichen Gefängnissen! Die „Wärter" traten aggressiv, manchmal sogar sadistisch auf – und das, obwohl sie doch eigentlich nette Jungs, einige sogar erklärte Pazifisten waren. Sie forderten von den Gefangenen bedingungslosen Gehorsam und zwangen sie, die von ihnen aufgestellten Regeln, selbst wenn sie widersprüchlich waren, strikt zu befolgen. So mussten die Gefangenen stundenlang langweilige und sinnlose Arbeiten verrichten, wie beispielsweise Kartons von einem Schrank in einen anderen räumen oder Dornen aus Decken herausziehen, welche die Wärter von den Gefängnisinsassen zuvor durch dorniges Gestrüpp hatten ziehen lassen. Jede Abweichung von den Regeln der Wärter, jede Gehorsamsverweigerung wurde sofort mit dem Entzug von Privilegien bestraft, wie etwa der Gelegenheit zum Lesen oder Schreiben oder zu Gesprächen mit anderen Gefangenen. Sehr rasch wurde dieses Bestrafungssystem ausgebaut: Bald führte bereits der geringste Widerspruch zum Verlust von „Privilegien" wie Essen, Schlafen oder der Möglichkeit, sich zu waschen. Zudem wurden Regelverstöße mit immer entwürdigenderen Maßnahmen bestraft. So mussten die Gefangenen Toiletten mit den bloßen Händen reinigen. Oder man ließ sie Liegestütze machen, wobei ein Wärter den Rücken des Gefangenen mit dem Fuß herunterdrückte oder sich gar auf den Rücken setzte. Oder sie mussten ständig ihre Gefangenennummern aufsagen, auf Kommando Lieder singen oder lachen. Darüber hinaus wurde stundenlange Isolationshaft verhängt. Insgesamt, so fasste Zimbardo die Entwicklung zusammen, entwickelten die Wärter ständig neue Strategien, um bei den Gefangenen das Gefühl von Minderwertigkeit und Wertlosigkeit zu erzeugen.

Welche Auswirkungen hatte eine solche Behandlung seitens der Aufseher auf die Gefangenen? Nun, dass sie rasch niedergeschlagen waren, war wohl noch die harmloseste Folge. Bereits nach weniger als 46 Stunden brach einer von ihnen zusammen und begann, unkontrolliert zu weinen. Er hatte Wutausbrüche, war gedanklich desorientiert und zeigte schwere depressive Symptome. Im Laufe der nächsten drei Tage entwickelten drei weitere Gefangene ähnliche Stresssymptome und mussten infolgedessen „entlassen" werden. Ein Fünfter bekam einen psychosomatischen Ausschlag am ganzen Körper, nachdem sein Antrag auf Haftentlassung von der Pseudo-Bewährungskommission abgelehnt worden war. Aufgrund dieser dramatischen und unerwartet desaströsen Auswirkungen auf die Inhaftierten wurden die Gefangenen mit extremen Stressreaktionen lange vor Ablauf der ursprünglich geplanten zwei Wochen „aus dem Gefängnis entlassen". Insgesamt wurde die Situation schnell dermaßen unerträglich, dass das Experiment nach nur sechs Tagen und Nächten abgebrochen werden musste.

Welche Lehre lässt sich daraus ziehen? Nun, eine denkbar einfache und weitreichende zugleich, nämlich die, dass Menschen, die in eine bestimmte, vorgegebene Rolle schlüpfen, am Ende bruchlos in dieser Rolle aufgehen. Übernimmt man die Rolle eines Gefangenen, wird man sich bald tatsächlich wie ein Gefangener vorkommen, und spielt man einen Gefängniswärter, so beginnt man zu denken wie ein Gefängniswärter. Man übernimmt dann nicht nur die Überzeugungen, die mit der jeweiligen Rolle verbunden sind, nein mehr noch: man entwickelt eine andere mentale Struktur, bildet ein anderes Ich aus, wechselt seine Identität. Zimbardos Experiment offenbart in einem geradezu erschreckenden Ausmaß, wie willig und offen für Verführbarkeit unser Geist sein kann, bietet man ihm die entsprechenden Anreize.

Diesen Umstand machen sich Sekten jeglicher Couleur gern zunutze. Um ihre Mitglieder mit Leib und Seele vereinnahmen zu können, brauchen sie nur deren Verhalten zu steuern – durch den Zwang zu rigider Regelbefolgung, das Verlangen unbedingten Gehorsams, durch Einübung und strikte Einhaltung stereotyper Rituale und Verhaltensweisen, durch straff gegliederte, überfüllte Tagespläne und ähnliches mehr. Über kurz oder lang stellt sich der mentale Apparat darauf ein. Von diesem Zeitpunkt an ist es für die meisten Novizen bereits zu spät: Sie sind den Sektenführern auf Gedeih und Verderb ausgeliefert. Ihr Tun spiegelt nicht länger ihr Denken wider, sondern nun verhält es sich genau umgekehrt: Ihr Denken folgt ihrem Tun.

Die narrative Inversion:
Wie das Gedächtnis sich selbst betrügt

Im Computerzeitalter ist es eine beliebte, geläufige Vorstellung geworden, das Gedächtnis mit einer Festplatte zu vergleichen, die die Ereignisse des Lebens aufzeichnet und abspeichert, so dass – allerdings mit großen individuellen Unterschieden – bei Bedarf auf die gespeicherten Daten zurückgegriffen werden kann. Dieser Analogie zufolge ist das Gedächtnis ein starres System, eine Art Behälter für abgelegtes Erinnerungsmaterial. Nichts jedoch trifft weniger zu als eine solche Ansicht! Tatsächlich nämlich ist unser Gedächtnis äußerst flexibel, formbar und geschmeidig – und zwar in einem solchen Ausmaß, dass wir uns an vieles erinnern zu können meinen, was wir gar nicht erlebt haben, ja gar nicht erlebt haben *können*.

Die amerikanische Psychologin Elizabeth Loftus, die an der University of Washington forscht und lehrt, hat das anhand einer Versuchsreihe eindrucksvoll nachgewiesen.[31] Dabei erinnerten sich Studenten, wie sie als Kind in Disneyland Bugs Bunny, dem Hasen mit dem grauen Fell und den riesigen Schneidezähnen, begegnet waren. Na und, wird man vielleicht fragen, was ist daran so erstaunlich? Nun, zunächst einmal schlicht die Tatsache, dass es sich bei Bugs Bunny um ein Geschöpf des Unterhaltungskonzerns Warner Brothers handelt, welches als solches schon immer striktes Hausverbot im Disneyland des Konkurrenzunternehmens hatte. Wie also konnten sich die Studenten an eine Begegnung erinnern, die schlechterdings nicht hatte stattfinden können? Natürlich hatte Elizabeth Loftus hier mit einem Trick nachgeholfen: Ihr Forscherteam hatte den teilnehmenden Studenten zuvor eine fingierte Werbeannonce des Disneykonzerns gezeigt, in der sie als Kind neben Bugs Bunny abgebildet waren. Bei immerhin 16 Prozent der 167 Versuchspersonen verfing der Trick, erinnerten sie sich doch plötzlich an die lange zurückliegende Begegnung mit Bugs Bunny. Bei einer Folgestudie waren es sogar 35 Prozent, die durch die gefälschte Werbeanzeige zu einer unmöglichen Erinnerung verleitet wurden. Elizabeth Loftus zog daraus den Schluss, dass unser Gedächtnis Erinnerungen filtert, überarbeitet, manchmal – wie ihre Studie belegt – sogar erfindet, ja geradezu zusammenschustert. So gesehen wird unser Gedächtnis, wie sie pointiert formuliert, „jeden Tag neu geboren"[32].

Zu analogen, in ihren Anwendungsgebieten jedoch noch weiterreichenden Erkenntnissen und Folgerungen gelangte der Sozialpsychologe Harald Welzer. Seine Forschungen erbrachten als Kernresultat, dass das Gedächtnis einerseits unser Ich formt, andererseits zugleich aber ein Produkt der Familie und der Erwartungen der Gesellschaft ist.[33] Anders gesagt: Bei dem, was wir uns als unsere Erinnerungen zuschreiben, spielen sowohl psychische als auch soziale Faktoren eine Rolle.

Machen wir uns das anhand einiger Ergebnisse der Gedächtnisforschung und entsprechender Beispiele klar! Es gilt inzwischen als gesichert, dass sich die Erinnerung mit der Zeit immer weiter von den Tatsachen entfernt. Insbesondere gilt das bei lange zurückliegenden Ereignissen. Hier lässt sich sehr oft beobachten, dass Medienberichte oder fiktive Erzählungen als eigene Erlebnisse interpretiert werden oder gar das Leben mit dem Kino verwechselt wird. Ein bekanntes Beispiel hierfür bot der ehemalige US-Präsident Ronald Reagan, der im Wahlkampf wiederholt eine angeblich persönlich erlebte Geschichte aus dem Zweiten Weltkrieg erzählte. Zu Tränen gerührt, berichtete er von einem heldenhaften Captain, der mit einem schwerverwundeten Schützen in einem abstürzenden Flugzeug blieb, während die restliche Besatzung mit Fallschirmen absprang. Diese Geschichte freilich ist identisch mit einer Szene aus dem Film *A Wing and a Prayer* von 1944, an die sich Reagan vermutlich erinnerte und die er in der Zwischenzeit als persönlich erlebtes Ereignis in seinen Erinnerungsbestand integriert hatte.

Dieser Sachverhalt ist unter der Bezeichnung „Quellenamnesie" bekannt. Die eigentliche, ursprüngliche Quelle eines Erlebnisses, zum Beispiel ein Fernsehbericht, die Erzählung eines anderen, ein Kinofilm und dergleichen mehr, gerät in Vergessenheit. Stattdessen wird das geschilderte Ereignis im Laufe der Zeit als eigene Erfahrung gedeutet und in den individuellen Erinnerungsschatz aufgenommen.

Auf ähnliche Beispiele wie das von Ronald Reagan stießen auch Harald Welzer, Sabine Moller und Karoline Tschuggnall, als sie der Frage nachgingen, wie Nationalsozialismus und Holocaust im Familiengedächtnis aufbewahrt und präsent sind.[34] Da erzählte ein ehemaliger Wehrmachtssoldat seinen Kindern und Enkeln detailliert von seinen Erlebnissen als Flakhelfer. Ein Ereignis war dabei besonders haften geblieben. Er habe, so berichtete er, mit einem anderen Jugendlichen in einem Graben gelegen, als ein US-Panzer auf ihn zugerollt sei. Ein amerikanischer Soldat habe ihm von jenseits der Bahnschienen etwas zugerufen, und er habe voller Panik auf den Panzer geschossen. Kommt einem diese Szenerie nicht irgendwie bekannt vor? Aber sicher: Es handelt sich nämlich um eine Sequenz aus Bernhard Wickis Antikriegsfilm *Die Brücke*. Auch hier hat der vermeintliche Zeitzeuge wahrscheinlich Leben und Kino verwechselt beziehungsweise beides ineinander verwoben.

Solche Quellenamnesien liefern schöne Beispiele dafür, wie unser Gedächtnis sich selbst manipuliert. Den einen oder anderen mag das irritieren und verwirren, in nicht wenigen Fällen jedoch stärkt der Sachverhalt, dass das Gedächtnis sich selbst betrügt, das Ich. In einem Gespräch mit der ZEIT-Redakteurin Elisabeth von Thadden[35] führt Harald Welzer diesbezüglich aus: „Es ist uns relativ egal, ob etwas tatsächlich passiert ist. Hauptsache, es verträgt sich mit unserer Gegenwart." Demnach bestimmt also die je aktuelle Gegenwart, woran wir uns erinnern. Oder anders gewendet: Der Rückgriff auf Vergangenes hängt davon ab, wofür es gebraucht wird. Hierauf zielt Welzers Begriff des „kommunikativen Gedächtnisses".[36] Im Gespräch mit der ZEIT betont er, das kommunikative Gedächtnis habe mit der Vergangenheit viel weniger zu tun als mit der Gegenwart. „Gedächtnis", so Welzer wörtlich weiter, „soll ja prinzipiell in der Gegenwart Orientierung für die Zukunft ermöglichen. Was faktisch geschehen ist, ist demgegenüber nachgeordnet."

Dementsprechend nimmt sich das Gedächtnis aus dem Erinnerungsvorrat das, was ihm gerade weiterhilft. Negative Erlebnisse, unangenehme Erinnerungen sowie ungeeignetes Material sortiert es einfach aus. Ein Ereignis, das von dem Betroffenen seinerzeit als äußerst peinlich erlebt wurde, wird im Laufe der Jahrzehnte im Zuge wiederholter Rekapitulation mehr und mehr geschönt, am Ende womöglich zu einer Heldentat verklärt. Dieser Mensch erzählt sich seine Lebensgeschichte so, dass sie im einen oder anderen Fall eine genau entgegengesetzte Bedeutung erhält – „narrative Inversion" nennt man das. Auf diese Weise erfindet das Ich mit Hilfe des Gedächtnisses Mythen über sich selbst. Es strickt sich seine Lebensgeschichte so, dass es mit den Anforderungen seiner jeweiligen Gegenwart einigermaßen zurande kommt. Und genau damit stabilisiert und stärkt es sich selbst.

Solche Deutungsveränderungen sind jedoch nicht auf das einzelne Ich beschränkt. Sie finden sich auch in Kollektiven und ganzen Gesellschaften. Harald Welzer hat das insbesondere anhand des Umgangs der Deutschen mit dem „Dritten Reich" und dem Holocaust zu zeigen unternommen. Seine sozialpsychologischen Forschungen zum Familiengedächtnis stützen seine These, in den privaten Erinnerungen entstehe ein anderes Bild von Vergangenheit als im offiziellen Gedächtnis der Bundesrepublik. Im Zentrum des öffentlichen Erinnerns stehen vor allem Auschwitz, die Würdigung der Opfer sowie die Frage nach angemessenen Formen des Gedenkens. Die Geschichten der Familienerinnerung sind demgegenüber, wie Welzer sagt, „unscharf"[37], da sie die handelnden Personen, die Orte des Geschehens und die exakte Zeit aussparen. Ihnen sind vielmehr die Gefühle des Handelnden wichtig. In dem bereits erwähnten ZEIT-Gespräch mit Elisabeth von Thadden stellt er in diesem Zusammenhang fest: „Wenn wir die Generationen einer Familie zum Gespräch zusammensetzen, scheint niemand am Tisch das Bedürfnis zu haben nachzufragen: Wo war das genau, wann? Und wer war's? Die Hauptperson soll als moralisch handelnde und fühlende Person erscheinen, damit der Enkel sich fragen kann: Hätte ich auch so gehandelt? Diese Form des Gedächtnisses stärkt nicht nur die Familie als Erinnerungsgemeinschaft, sondern sie stillt auch die Sinnbedürfnisse der Nachkommen." Zu diesen Sinnbedürfnissen gehört etwa, wie Welzer weiter darlegt, dass der erzählende Großvater dem fragenden Enkel moralisch gleichen, also als guter Mensch erscheinen soll. Auch wenn manche Zeitzeugen heute selbst mit verblüffender Offenheit von etwaigen Verstrickungen oder Taten berichten, so ist das Bedürfnis der dritten Generation nach „guten" Familienmitgliedern, wie Welzer ausführt, „größer als der Wunsch, das objektiv Grauenvolle der historischen Wahrheit zu sehen: Meine Großeltern waren keine Nazis! Sie sind schuldlos schuldig geworden."[38]

In ihrer bereits erwähnten Mehrgenerationsstudie über Nationalsozialismus und Holocaust im Familiengedächtnis zeigten Welzer und seine Koautorinnen auf, wie sich die Erzählungen veränderten, wenn die Erfahrungen der Kriegsgeneration an Kinder und Enkel weitervermittelt wurden. So berichteten etwa zwei Drittel zufällig ausgewählter Personen, ihre Vorfahren seien entweder Opfer des Nazi-Regimes gewesen oder hätten auf irgendeine Art und Weise Widerstand geleistet. Demnach wäre Deutschland während der Zeit der Nazi-Diktatur eine Nation von Widerstandskämpfern gewesen, was natürlich Unsinn ist. Gleichwohl ist eine solche narrative Inversion sozialpsychologisch sehr aufschlussreich und von weitreichender Bedeutung. „Sozialpsychologisch gesehen", merkt Welzer in seinem Gespräch mit der ZEIT an, „wird man sich zu guten Handlungen, zu humanen Orientierungen nur dann befähigt fühlen, wenn man irgendwo in der eigenen Geschichte an positive Erfahrungen anknüpfen kann. Das Eigene positiv zu interpretieren stärkt. Man will handeln können. Nur wenn man sich als gut versteht, kann man Gutes tun. Das Gegenteil hat die Züge der Depression, die das Schlechte so stark generalisiert, dass sich etwas positiv anderes kaum aufbauen lässt. Also muss das Gedächtnis die Vergangenheit den gegenwärtigen Bedürfnissen anpassen. Das tut es. Man sieht genau das an den Enkeln, die einen positiven Ursprung gestalten, um sich selbst gut finden zu können."

All das lässt deutlich werden: Unsere Erinnerung bildet einstmals Geschehenes keineswegs objektiv ab. Vielmehr ist sie so selektiv, perspektivisch und konstruktiv wie die Wahrnehmung selbst. Sie biegt die vergangenen Ereignisse so zurecht, wie es die jeweilige Gegenwart erfordert. Dazu muss dem Gedächtnis nicht einmal von außen auf die Sprünge geholfen werden. Nur zu bereitwillig manipuliert es sich in solchen Fällen selbst.

Subliminale Botschaften – unbewusste Informationsverarbeitung – Priming- und Pygmalion-Effekt

1957 veröffentlichte der amerikanische Publizist Vance Packard sein Buch *Die geheimen Verführer*, in dem er mit einer Reihe von Thesen aufwartete, die seinerzeit mit einiger Besorgnis zur Kenntnis genommen wurden. Packard erhob nämlich den Vorwurf, die amerikanische Werbebranche arbeite mit ziemlich hinterhältigen Tricks, um die beworbenen Produkte gewinnbringend an den Mann oder die Frau zu bringen. Besonders heftig diskutiert wurde seine These, die Branche übermittele den Verbrauchern insbesondere in Werbespots im Kino und im Fernsehen sogenannte subliminale Botschaften, das sind Reize, die unterhalb der Wahrnehmungs- oder Bewusstseinsschwelle liegen, die – anders gesagt – von uns nicht bewusst aufgenommen werden oder aufgenommen werden können, aber unterschwellig weiterwirken und unser Konsum- und Kaufverhalten manipulieren. Zum Glück für die Verbraucher und zum Leidwesen der Werbefachleute erbrachten nachfolgende eingehende Untersuchungen so gut wie keine Bestätigung für die Wirksamkeit solch subliminaler Botschaften. In der Regel nämlich hatten sie keinen Erfolg und allenfalls einen kurzfristigen.

Geleitet war die Technik, mit subliminalen Botschaften zu arbeiten, von der Idee, unser Informationsverarbeitungssystem, das uns mit unseren Sinnen und unserem Gehirn zur Verfügung steht, arbeite zu einem gewissen Teil unbewusst. Und diese Leitidee ist, wie neuere Forschungen bestätigen, durchaus zutreffend. Denn die gewaltige Kapazität, über die unser Gehirn verfügt – es besteht aus etwa 100 Milliarden Neuronen, wobei jedes Neuron mit bis zu 2000 anderen verknüpft sein kann, so dass man auf circa 10 Billionen Verbindungen kommt –, wird in der Tat zum überwiegenden Teil unbewusst genutzt. Das bedeutet, unser Informationsverarbeitungssystem nimmt in einem enormen Umfang Reize und Informationen auf und verarbeitet sie, ohne dass uns das bewusst wird. Sehen wir uns einmal die entsprechenden Zahlen an: Kybernetiker gehen davon aus, dass die Informationsweitergabe an das Gehirn in einer Größenordnung von etwa 11 Millionen Bits pro Sekunde erfolgt. Von dieser riesigen Datenmenge werden jedoch nur circa 40 Bits pro Sekunde bewusst verarbeitet.[39] Je nachdem nun, wie hoch der subjektive oder objektive Anteil des Informationsgehalts veranschlagt wird, liegt der Anteil der bewusst verarbeiteten Informationen bei nur 10 bis 16 Bits pro Sekunde. Das heißt im Klartext: Nur etwa ein Millionstel derjenigen Informationsmenge, die unsere Sinne aufnehmen und an das Gehirn weiterleiten, gelangt ins Licht des Bewusstseins.[40] Der bei Weitem überwiegende Teil der Informationsverarbeitung geschieht demzufolge gleichsam hinter unserem Rücken.

Nun wäre es gleichwohl grundfalsch, in Anbetracht dieser Tatsachen zu glauben, der größte Teil der ständig auf uns einströmenden Reiz- und Informationsmenge ginge einfach verloren. Das ist keineswegs der Fall. Vielmehr ist die Sachlage die, dass nach dem gegenwärtigen Forschungs- und Erkenntnisstand diese Informationen sehr wohl genutzt werden: Wir lernen nämlich auch unbewusst und entwickeln unbewusste kognitive Strukturen, die sich in der Folge auf unsere Verhaltens- und Erkenntnisprozesse auswirken und häufig – allerdings zu einem nicht vorherseh- und nicht vorhersagbaren Zeitpunkt – völlig neue Lösungsansätze und -alternativen hervorbringen.

Der britische Philosoph, Logiker und Literaturnobelpreisträger Bertrand Russell war sich über diesen Umstand nicht nur völlig im Klaren, nein mehr noch: er hat den Mechanismus der unbewussten Informationsverarbeitung geradezu als Methode kultiviert. Sein Freund Gilbert Murray forderte in einem Brief an Russell vom 5. Januar 1939 ein Buch über die Kunst des klaren Denkens und fragte Russell, ob er nicht Lust habe, ein solches Werk zu schreiben. In seinem Antwortschreiben vom 15. Januar erwiderte Russell, auch er halte ein Buch darüber, wie man klar denkt, für sehr nützlich, betonte aber zugleich, er selbst könne es nicht schreiben. Er begründete das damit, er habe nicht die geringste Vorstellung davon, wie er denke oder wie man denken solle. Wörtlich heißt es dann bei Russell weiter: „Der Prozess ist, soweit ich weiß, ebenso instinktiv und unbewusst wie die Verdauung. Ich fülle mein Gehirn mit allem nur wichtigen Wissen und warte dann. Wenn ich Glück habe, kommt ein Zeitpunkt, wo die Arbeit getan ist, aber in der Zwischenzeit hat sich mein bewusstes Denken mit anderen Dingen beschäftigt."[41]

Ohne Frage ist das ein schönes Beispiel dafür, wie jemand die unbewusste Informationsverarbeitung seines Gehirns zu seinem Vorteil zu nutzen wusste. Neuere empirische Studien aus Wissenschaftsgebieten wie der Psychologie oder den Neuro- und Kognitionswissenschaften liefern eindrucksvolle Belege für die Wirksamkeit unbewusster Informationsverarbeitung. S. T. Murphy und R. B. Zajonc entwarfen folgenden Versuchsaufbau: Den Versuchsteilnehmern wurden chinesische Schriftzeichen gezeigt mit der Bitte, diese positiv oder negativ zu bewerten. Was die Versuchsteilnehmer nicht wussten, war, dass man ihnen vor den Schriftzeichen für vier Millisekunden, also für eine Zeitspanne, die unterhalb der Wahrnehmungs- und Bewusstseinsschwelle liegt, entweder neutrale Polygone, das sind Vielecke mit mindestens vier Seiten, präsentierte oder Gesichtsmimiken, die positive oder negative Gefühlszustände ausdrückten. Dabei zeigte sich, dass die subliminalen Einblendungen die Bewertung der Schriftzeichen beeinflussten. Denn die Versuchspersonen bewerteten diejenigen Schriftzeichen am positivsten, denen eine Mimik vorangeschickt worden war, die Glück ausstrahlte. An zweiter Stelle rangierten jene Zeichen, die auf ein neutrales Polygon folgten. Und am negativsten, das wird jetzt nicht mehr überraschen, wurden diejenigen Schriftzeichen eingeschätzt, denen Gesichter mit negativ besetzten Ausdrucksmerkmalen vorangestellt worden waren.[42]

Ein weiteres Experiment, das die Beeinflussung von Bewertungen durch unbewusst ablaufende Prozesse vor Augen führt, stellte Ranga Yogeshwar in seiner Sendung *Quarks & Co* im WDR am 28. August

Priming- und Pygmalion-Effekt

2007 vor, in der es um die Frage ging, wie unsere Sinne uns täuschen und in welchem Ausmaß unsere Wahrnehmung Einflüssen unterliegt, die uns nicht bewusst sind. In einer Studie, die Jens Förster von der Universität Bremen in Zusammenarbeit mit der amerikanischen University of Missouri-Columbia durchführte, wurden die Auswirkungen untersucht, die die unterschwellige Einblendung von Alkoholbegriffen auf das Urteilsvermögen männlicher Versuchsteilnehmer hat.[43] Den Probanden – 82 Männer im Alter zwischen 18 und 27 Jahren – wurde gesagt, sie nähmen zunächst an einem Reaktionstest teil. Sie sahen Lichtblitze auf einem PC-Monitor und sollten darauf möglichst schnell reagieren, indem sie mit der rechten oder linken Hand eine bestimmte Taste drückten. Der Trick hierbei war: Die Lichtblitze dieses vermeintlichen Reaktionstests enthielten bei einer Gruppe der Versuchsteilnehmer Wörter, die mit Alkohol zu tun hatten, wie beispielsweise „Bier", „Wein", „Rum", „Cocktails" usw. Der anderen Gruppe wurden Bezeichnungen nichtalkoholischer Getränke wie „Kaffee", „Tee" oder „Wasser" vorgesetzt.

An diesen Reaktionstest schloss sich nun ein Bildertest an: Den Männern wurden 21 Fotografien von Frauen mit unterschiedlichen Gesichtszügen und verschiedener ethnischer Herkunft gezeigt. Diese Frauengesichter nun sollten hinsichtlich ihrer Attraktivität jeweils auf einer Skala von 1 bis 9 angeordnet werden. Das Ergebnis war eindeutig: Diejenigen Versuchsteilnehmer, denen „alkoholgetränkte" subliminale Botschaften präsentiert worden waren, bewerteten die Frauenfotos positiver, das heißt sie schätzten die Attraktivität der Frauen insgesamt signifikant höher ein als diejenigen Probanden, die zuvor einen neutralen Reiz bekommen hatten. Offenbar waren die Testpersonen durch den subliminalen Alkoholkonsum enthemmter, „lockerer" geworden, so dass ihnen die Frauen besser gefielen als ohne entsprechende Stimulanzien.

Die Studie der Universität Missouri-Columbia ergab jedoch, dass dieser Mechanismus nur bei Männern funktionierte, die davon ausgingen, Alkohol steigere ihren Sexualtrieb. Wer dagegen der Ansicht war, Alkohol dämpfe diesen Trieb, bewertete die Frauenfotos sogar deutlich negativer als der Durchschnitt. Der an der Studie beteiligte Ron Friedman hält die Ergebnisse insgesamt für besorgniserregend. „Erwartungen", so sagt er, „die wir mit Alkohol verbinden, können aktiviert werden, obwohl es uns nicht oder kaum bewusst wird."[44]

Auch wenn jemand wie Bertrand Russell die unbewusste Verarbeitung von Informationen gezielt einsetzt, um zu neuen Denkresultaten und Einsichten zu gelangen, was ja sehr erfreulich ist, so darf angesichts der geschilderten, experimentell gewonnenen Erkenntnisse gleichwohl nicht übersehen werden, dass eben diese unbewusste Informationsverarbeitung unser Denken, unsere Einstellungen und unsere Bewertungen in ganz spezifischer Weise zu beeinflussen vermag. In welch hohem Maß dies der Fall ist, demonstriert der sogenannte „Priming-Effekt". Er zeigt: Das, was wir erlebt, getan oder gedacht haben, bevor wir ein Urteil über einen Sachverhalt fällen, beeinflusst unsere Bewertungskategorien. Higgins, Rholes und Jones haben diesen Effekt auf folgende Weise veranschaulicht:[45] Die Versuchsteilnehmer sollten eine Person anhand ihrer Handlungen beurteilen. Diese Handlungen konnten positiv oder negativ beurteilt werden. An einem Beispiel verdeutlicht: Jemand steuert ein Boot, ohne sich diesbezüglich weiter auszukennen. Diese Handlung kann positiv bewertet werden – nämlich: die betreffende Person ist risikobereit – oder aber negativ: der Betreffende ist leichtsinnig. Zuvor aber hatten die Versuchspersonen Wörterlisten bekommen, die sie lernen sollten. Diese Wörterlisten bestanden aus Begriffen für positiv oder negativ besetzte Charaktereigenschaften (beispielsweise „selbstsicher" und „zielstrebig" oder „unbesonnen" und „eingebildet"). Und nun kam heraus: Je nachdem, welche Wörterliste eine Versuchsperson zuvor zum Lernen erhalten hatte, beurteilte sie die infrage stehende Person zum Beispiel als sympathische Persönlichkeit mit einer Vorliebe für neue Herausforderungen oder aber als unsympathischen, eingebildeten und unnötig risikobereiten Menschen. Das macht deutlich: Nicht nur beeinflussen unbewusst ablaufende Informationsprozesse unsere Einstellungen und Bewertungen, sondern unsere Informationsverarbeitung selbst wird durch zeitlich vorhergehende Prozesse und Ereignisse, wenn vielleicht auch nicht festgelegt, so doch zumindest beeinflusst.

Eine soziale Situation, in der das Tag für Tag zum Austrag gelangt, ist die Interaktion zwischen Schülern und Lehrern in der Schulklasse. Der sogenannte „Pygmalion-Effekt" verdeutlicht, wie Handlungs- und Entwicklungsmöglichkeiten von Akteuren durch unbewusste Prozesse vorgeformt werden können, konkret gesagt, wie Schüler von Lehrern und Lehrer von Schülern präformiert werden. Pygmalion ist in Ovids *Metamorphosen* ein Bildhauer, der sich aus Abneigung gegen das weibliche Geschlecht Ehelosigkeit geschworen hat. Eines Tages jedoch verliebt er sich in eine von ihm geschaffene idealisierte Frauenfigur aus Elfenbein. Auf sein eindringliches Flehen hin haucht Aphrodite der Statue schließlich Leben ein, woraufhin Pygmalion sich mit ihr vermählt. Worauf diese Geschichte abzielt, ist der Sachverhalt, dass die Statue am Ende das leistet, was der Bildhauer Pygmalion von ihr erwartet. Ähnliches lässt sich im Klassenzimmer hinsichtlich der Interaktion von Schülern und Lehrern beobachten. Schon 1968 stellten R. Rosenthal und L. Jacobson in einer Untersuchung fest, dass diejenigen Schüler, die von ihren Lehrern als besonders leistungsfähig eingestuft wurden, nach einem Jahr im Vergleich zu anderen Schülern signifikant höhere IQ-Werte erzielten.[46]

Aufgrund ihrer besonderen Stellung haben Lehrer – neben der Familie und den informellen Bezugsgruppen, den sogenannten „Peer-Groups", wie Sport- oder Musikvereine, Cliquen usw. – einen bedeutsamen Einfluss auf das Selbstkonzept der Schüler. Wie bereits die Studie von Rosenthal und Jacobson belegt, bewegen sich die Leistungen von Schülern auf das Niveau zu, das der Lehrer ihnen zutraut und von ihnen erwartet. Traut er ihnen viel zu, so werden die Schüler den Erwartungen zu entsprechen versuchen; traut er ihnen hingegen wenig zu, wird entsprechend das Leistungsniveau sinken. Eine Studie von K. Hurrelmann bestätigte diesen Effekt. Sie wies nach, wie stark die Bewertung durch den Lehrer und seine Erwartungshaltung in das Selbstkonzept der Schüler eingeht und ihre Leistungsbereitschaft beeinflusst.[47]

Damit liefert der Pygmalion-Effekt ein sprechendes Beispiel für den Sachverhalt, wie die unbewusste Beeinflussung der Informationsverarbeitung Leistungsbereitschaft unterstützen oder hemmen kann.

Unsere Informationsverarbeitungsmaschinerie stellt ihren Betrieb selbst während des Schlafs nicht ein. Entsprechende Studien zeigen,[48] wie in unbewussten Zuständen, wie eben im Schlaf, kognitive Strukturen gesucht und gefunden werden, ohne dass es diesbezüglich eine bewusste Anweisung gegeben hätte. Teilnehmer eines Versuchs sollten Zahlenreihen nach zwei Regeln bearbeiten, die ihnen vorgegeben worden waren. Eine dritte Regel, mit der sie leichter und schneller zum Ergebnis hätten gelangen können, wurde ihnen verheimlicht. Während des Testdurchlaufs kam zunächst niemand der Probanden auf diese dritte, verborgene Regel. Unterbrach man die Testdurchläufe jedoch durch Schlafphasen, fanden 60 Prozent der Ausgeschlafenen im Verlauf der weiteren Bearbeitung der Zahlenreihen diese vor ihnen verheimlichte dritte Regel von selbst. Von denjenigen, die kontinuierlich, also ohne Unterbrechung durch eine Schlafphase, an dem Problem arbeiteten, fanden die Regel hingegen nur 23 Prozent.

Während des Schlafs, so kann man daraus schlussfolgern, werden Gedächtnisstrukturen allem Anschein nach verfestigt und qualitativ verändert. Neu aufgenommene Informationen werden in den Langzeitspeicher „überspielt" und mit dort bereits vorhandenen Inhalten verknüpft. Daraus kann sich eine Umorganisation des Wissens ergeben, so dass neue Ideen und Einsichten entwickelt werden. So kam Kekulé auf die Ringstruktur des Benzols, nachdem er wiederholt von einer sich ringelnden Schlange geträumt hatte. Und Mendelejew soll auf die entscheidende Idee für das nach ihm benannte Periodensystem der Elemente gekommen sein, als er erschöpft vom bislang erfolglosen Nachdenken einnickte.

Nun würde man sich wohl übertriebenen Hoffnungen hingeben, zöge man daraus den Schluss, wir könnten Lernen und die Verarbeitung von Informationen getrost allein dem Schlaf überlassen. Andererseits dürften die herangezogenen Forschungsresultate nicht übersehen lassen, wie wichtig, ja vielleicht gar lebensnotwendig der unbewusst ablaufende Verarbeitungsprozess der in jeder Sekunde auf uns einströmenden Reize und Informationen ist. Unser Bewusstsein ist einfach nicht in der Lage, die gigantische Vielfalt an Reizen, die die Welt uns in jedem Augenblick vermittelt, zu be- und zu verarbeiten. Dass durch deren Delegation an unbewusste Verarbeitungsprozesse unsere bewussten Bewertungen, Entscheidungen, Urteile und Einstellungen zum Teil nachhaltig beeinflusst werden, ist wohl der Tribut, den wir dafür entrichten müssen.

Kommunikationswelten – oder: Wie wir mit Worten handeln

Sprache, Vernunft, Gesellschaft: Aristoteles

Von dem antiken Philosophen Aristoteles stammt die berühmte Definition, der Mensch sei dasjenige Lebewesen, das den „Logos" besitze.[49] „Logos" verwendet er dabei in der doppelten Bedeutung von „Vernunft" und (artikulierter) „Sprache". In der aristotelischen Wesensdefinition des Menschen spricht sich mithin die Einsicht aus, der Mensch verfüge über Sprache, weil er Vernunft oder zumindest Vernunftfähigkeit besitze und eben diese Vernunft in der artikulierten Sprache zum Ausdruck gelange. Nach aristotelischer Sicht der Dinge hängen Vernunft und Sprache aufs Engste zusammen: Über Sprache verfügen wir, weil wir vernünftige Lebewesen sind, und unsere Vernunft artikuliert sich in der Sprache.

Aristoteles glaubte damit eine Definition an der Hand zu haben, um den Unterschied zwischen Mensch und Tier hinreichend bestimmen zu können. Das bedeutet nun aber keineswegs, dass er Tieren jegliche Sprachfähigkeit absprach. Nein, ganz im Gegenteil! Auch in deren Lautäußerungen äußert sich etwas, zum Beispiel Lust, Schmerz, Gefahr usw. Allerdings bekunden sie das alles auf eine, wie Aristoteles sagt, natürliche Weise. Sprachliche Verständigung hingegen, wie wir Menschen sie praktizieren, ist kein bloß natürliches Bekunden von etwas; sie ist vielmehr untrennbar mit Vernunft, Einsicht, zielgerichtetem Wollen und bewussten Zwecksetzungen verbunden. Wohlgemerkt: Aristoteles will damit nicht behaupten, Tiere verfügten nur über unartikulierte Lautäußerungen. Ihm war völlig klar, dass auch Tiere zum Teil artikulierte Stimmlaute produzieren, mit deren Hilfe sie sich verständigen. Allerdings bleiben diese Laute seiner Überzeugung nach auf der rein affektiven Ebene, der Ebene der Empfindungen und Gefühle, und können nicht zur Verständigung über abstrakte Vorstellungen und Ideen verwendet werden. Aristoteles verdeutlicht diesen Sachverhalt mit einer weiteren Gedankenlinie.[50] Wörter, so legt er dar, beziehen sich in erster Linie nicht auf Dinge, sondern auf die seelischen Eindrücke und Vorstellungen, die sich uns im wahrnehmenden und denkenden Umgang mit den Dingen einprägen. So betrachtet ist das Wort ein Zeichen, das uns direkt auf unsere psychischen Eindrücke und nur indirekt auf die Dinge verweist. Der sprachlichen Verständigung liegt demzufolge eine dreistellige Relation zugrunde: Die Dinge, mit denen wir wahrnehmend und denkend umgehen, erzeugen in unserer Seele Eindrücke, und diese Eindrücke bezeichnen wir mit Wörtern. Oder – von der anderen Seite betrachtet – Wörter sind Zeichen für seelische Eindrücke, die durch den Umgang mit den Dingen erzeugt worden sind.

Den Ausführungen zu diesem Beziehungsgeflecht, diesem Verweisungszusammenhang zwischen Dingen, seelischen Eindrücken und Worten können wir deshalb folgen, weil sich die Menschen einer Sprachgemeinschaft im Laufe der Zeit über den jeweiligen Bezug zwischen Dingen, seelischen Eindrücken und Worten geeinigt haben. Im Laufe der Generationenabfolge, so könnte man sagen, hat sich dieser Bezug gleichsam eingeschliffen. Aristoteles gibt deutlich zu verstehen, dass Wörtern eine bestimmte Bedeutung nicht von Natur aus zukommt. Vielmehr bedeuten sie das, was sie bedeuten, weil man sie in einer Sprachgemeinschaft versteht. Was für andere Formen menschlichen Zusammenlebens, etwa Sitten und Gebräuche, gilt, gilt auch für sprachliche Kommunikation: Sie funktioniert auf der Grundlage einer Übereinkunft, die sich im Laufe von Generationen herausgebildet hat. Aristoteles will damit vor allem betonen: Sprache ist ein *soziales* Phänomen. Um Sprache erlernen und sprachliche Äußerungen verstehen zu können, bedarf es immer schon einer Gemeinschaft, in die der

Einzelne hineingeboren wird und von der er die Sprache im Zuge des Spracherwerbs übereignet bekommt. Mit diesen Überlegungen hat Aristoteles Einsichten über den Bezug zwischen Worten, Dingen und seelischen Reaktionen, über die Einbettung der Sprache in einen sozialen Kontext sowie über das Funktionieren von Kommunikation gewonnen, die später auf fruchtbaren Boden fallen sollten.

Die Grundstruktur kommunikativer Vorgänge

Werfen wir zunächst einen Blick auf die Grundstruktur kommunikativer Prozesse.[51] Kommunikation findet immer zwischen zwei Größen statt. Diese werden mit Begriffen aus der Informationstechnologie, die sich im späten 19. Jahrhundert herauszubilden begann, als „Sender" und „Empfänger" bezeichnet. Wie unterschiedlich auch immer Kommunikationsprozesse im Einzelnen ablaufen, ihnen allen ist gemeinsam, dass ein Sender einem Empfänger etwas mitteilt. Dazu bedient sich der Sender einer Verbindung, die in der Informationstheorie „Kanal" genannt wird. Unter einem Kanal versteht man dabei jede materielle Verbindung zwischen Sender und Empfänger. Funksender und Funkempfänger sind beispielsweise durch Funkwellen miteinander verbunden. Die Sprache bedient sich des Mediums der Schallwellen. Und die Kommunikation zwischen Autofahrer und Ampel funktioniert mittels Lichtwellen.

Dasjenige nun, was der Sender dem Empfänger mitteilt und vom Empfänger aufgenommen wird, ist das „Signal". Der Sender fungiert dabei als Informationsquelle. Dem entspricht auf der Seite des Empfängers die Informationsverarbeitung. So reagieren wir als Autofahrer auf das Signal „rote Ampel", indem wir unser Fahrzeug zum Stehen bringen. Nun zeigt aber die alltägliche Erfahrung, dass die Informationsübermittlung zwischen Sender und Empfänger auf vielfältige Weise gestört werden kann. So kann ein Autofahrer im dichten Nebel eine rote Ampel übersehen, wodurch im schlimmsten Fall ein Unfall verursacht wird. Oder zwei Menschen verstehen einander nicht oder falsch, weil die Informationsübermittlung beispielsweise durch Straßenlärm gestört oder verzerrt wird.

Bislang war die Rede davon, dass im Kanal zwischen Sender und Empfänger Signale transportiert werden. Dass diese Signale für die Kommunikationsteilnehmer etwas bedeuten, verdankt sich der Verknüpfung der Signale, die von den Kommunikationsteilnehmern hergestellt wird. Das heißt: Der Empfänger *interpretiert* das vom Sender übermittelte Signal. Das geschieht im Allgemeinen dadurch, dass er dem Signal eine sozial festgelegte Bedeutung zuordnet. Kommunikation kann infolgedessen nur dann reibungslos funktionieren, wenn Sender und Empfänger einem Signal dieselbe Bedeutung zuweisen, wenn sie denselben „Code" benutzen.

Genau hier können Versuche, Kommunikationsprozesse zu beeinflussen und auf diese Weise unser Denken und Fühlen in eine bestimmte Richtung zu lenken, ansetzen. Man kann zum Beispiel vorsätzlich mit doppeldeutigen Begriffen operieren, man kann auf die Macht der Konnotationen setzen, das heißt gezielt jene Vorstellungen vor dem geistigen Auge des anderen entstehen lassen, die durch einen bestimmten Begriff *mit*bezeichnet, konnotiert werden, man kann mit den Abweichungen individueller Codes vom sozialen Code spielen, man kann Metaphern als Verhüllungsmittel verwenden oder Sachverhalte mit beschönigenden Wendungen verschleiern (etwa indem man die „Müllkippe" als „Entsorgungspark" bezeichnet).

Allein aus diesen knappen Hinweisen wird ersichtlich, dass Sprache nicht nur Sachverhalte beschreibt und darstellt, sondern dass sie bewusst eingesetzt werden kann, um in uns bestimmte psychische Reaktionen hervorzurufen und/oder uns zu einem bestimmten Handeln und Verhalten zu verführen. Diesem Umstand trägt das Kommunikationsmodell Karl Bühlers Rechnung, das er 1934 in seiner *Sprachtheorie* vorgelegt hat und das unter der Bezeichnung „Organonmodell", also „Werkzeugmodell", der Sprache bekannt geworden ist.

Die Darstellungs-, Ausdrucks- und Appellfunktion der Sprache: Karl Bühler

Karl Bühler zufolge kommt jedem sprachlichen Zeichen eine dreifache Funktion zu.[52] Zum einen ist das Sprachzeichen *Symbol*: Es ist Gegenständen und Sachverhalten zugeordnet, es bezeichnet Gegenstände und Sachverhalte, es stellt – so kann man auch sagen – einen Sinnbezug zwischen sich und Gegenständen und Sachverhalten her. Bühler nennt das die *Darstellungs*funktion der Sprache.

Zweitens ist das Sprachzeichen aber auch *Symptom* oder *Anzeichen*, wie Bühler sagt. Damit meint er, dass das Sprachzeichen vom Sender abhängt und beispielsweise dessen Innerlichkeit, dessen Empfindungen und Gefühle, zum Ausdruck bringt. Da dabei der Sinnbezug auf den Sender selbst gerichtet ist, bezeichnet Bühler diese Funktion als *expressive* oder *Ausdrucks*funktion der Sprache. Man könnte sie mit Bühler auch die symptomatische Funktion nennen.

Drittens schließlich ist das Sprachzeichen *Signal*: Es appelliert an den Empfänger und steuert dessen äußeres und inneres Verhalten. Anders formuliert: Das sprachliche Zeichen kann – und soll in der Regel – eine Reaktion bei demjenigen auslösen, der es empfängt. Deshalb nennt Bühler dies die *Signal-*, *Appell-* oder *Auslöser*funktion der Sprache.

In jeder sprachlichen Mitteilung sind alle drei Funktionen enthalten – jedoch nicht immer zu gleichen Anteilen. Je nach kommunikativer Situation kann eine dieser drei Funktionen vorherrschen. Welche dieser Funktionen in einem konkreten Kommunikationsprozess überwiegt, hängt ganz entscheidend von der Intention, der Absicht ab, die ein Sprecher mit seiner Äußerung verbindet. Will er einen Sachverhalt möglichst objektiv beschreiben, wird er primär die Darstellungsfunktion der Sprache zum Einsatz bringen. Möchte jemand einen anderen über seine Empfindungen informieren, wird er die Ausdrucksfunktion der Sprache bemühen. Und unternimmt jemand den Versuch, einen anderen zu einer bestimmten Handlung zu bewegen, ist er gut beraten, auf die Appellfunktion zu vertrauen. Um beim anderen ein bestimmtes Verhalten auszulösen, steht ihm nämlich ein reichhaltiges Instrumentarium zur Verfügung: Er kann zum Beispiel wertend, überredend, überzeugend oder befehlend sprechen. Es dürfte nur zu offensichtlich sein, dass im Hinblick auf Beeinflussung, Manipulation und Verführung anderer in erster Linie dieser Auslöserfunktion der Sprache der entscheidende Vorrang gegenüber den beiden anderen Funktionen zukommt.

Die vier Seiten einer Nachricht: Friedemann Schulz von Thun

Wie diese Auslöserfunktion genau funktioniert, lässt sich anhand von einschlägigen Kommunikationssituationen trefflich studieren. Der Kommunikationstheoretiker Friedemann Schulz von Thun bezeichnet es als eine „Grundtatsache des Lebens, dass ein und dieselbe Nachricht stets viele Botschaften enthält".[53] Das ist der Grund dafür, warum zwischenmenschliche Kommunikation so kompliziert und störanfällig, zugleich aber auch so aufregend und spannend ist. Nach Schulz von Thun lassen sich an einer Nachricht, einer Botschaft oder einem Signal für gewöhnlich vier Seiten unterscheiden. Um das zu verdeutlichen, geht er von einem Alltagsbeispiel aus. Eine tagtäglich zu beobachtende Szenerie ist etwa diese: Eine Frau sitzt am Steuer eines Autos. Ihr Mann auf dem Beifahrersitz sagt zu ihr: „Du, da vorne ist grün." Rein informationstheoretisch gesehen, könnte man sagen, hier übermittelt ein Sender einem Empfänger ein Signal. Damit jedoch würde man die tatsächliche Kommunikationsstruktur, insbesondere aber die bewussten und unbewussten Nachrichten, die der Sender übermittelt, nur unzureichend erfassen.

Was also hat der Sender alles in seine scheinbar simple Botschaft verpackt? Und was kann der Empfänger ihr entnehmen? Nun, zuerst einmal enthält die Nachricht „Da vorne ist grün" eine Sachinformation. In diesem Beispiel erfahren wir etwas über die Ampel, dass sie nämlich grün zeigt. Jede Nachricht enthält demnach einen *Sachinhalt*. Wenn es um eine Sache geht, sollte diese Seite der Nachricht im Vordergrund stehen.

Aber es geht in Kommunikationsprozessen eben nicht immer nur um die Sache. Eine Nachricht enthält auch Informationen über die Person des Senders, in unserem Fall etwa: Der Mann spricht deutsch, er ist augenscheinlich nicht farbenblind, außerdem wach und konzentriert auf das Verkehrsgeschehen. Zudem kann man vermuten, dass er es eilig hat, da er ja die Grünphase der Ampel ausnützen möchte. Das zeigt: Der Sender gibt mit seiner Äußerung eine Menge über sich selbst preis, er offenbart sich selbst, wie Schulz von Thun es ausdrückt. Dabei erläutert er, er habe den Begriff der *Selbstoffenbarung* gewählt, um sowohl die gewollte Selbstdarstellung als auch die unfreiwillige Selbstenthüllung einzuschließen. Daher haben wir es hier mit einer hochbrisanten Seite der Nachricht zu tun: Vordergründig gibt jemand lediglich eine Sachinformation; doch in Wahrheit stellt er sich mittels seiner Nachricht entweder bewusst selbst dar oder aber er enthüllt unfreiwillig Seiten seiner selbst, die er vielleicht gern im Dunkeln gelassen hätte.

Aber damit noch nicht genug! Denn eine Äußerung wie die in unserem Beispiel sagt zugleich etwas über die *Beziehung* aus, in der die beiden Personen zueinander stehen: was der Mann – allgemein: der Sprecher – von der Frau – allgemein: dem Empfänger – hält, wie er zu ihr steht. Schulz von Thun nennt das den Beziehungsaspekt der Nachricht. Im Grunde genommen handelt es sich dabei um einen speziellen Teil der Selbstoffenbarung. Dennoch ist es sinnvoll, zwischen beiden Aspekten zu unterscheiden, weil, wie Schulz von Thun erklärt, „die psychologische Situation des Empfängers verschieden ist". Als Empfänger der Selbstoffenbarung des anderen ist er eine Art Diagnostiker, der von der Selbstoffenbarung selbst nicht betroffen ist. Er kann ganz unbeteiligt-rational fragen: Was sagt deine Äußerung über dich aus? Aber er empfängt eben nicht nur die Selbstoffenbarung des Senders, sondern zugleich auch die Botschaft, wie beide zueinander stehen. Als Empfänger der Beziehungsseite der Nachricht ist er dann sehr wohl von der Äußerung des Senders betroffen – oft im doppelten Sinn des Wortes, nämlich dann, wenn sie ihn nicht nur betrifft, sondern geradezu trifft. Wenn man diesen Beziehungsaspekt eingehender analysiert, dann wird man laut Schulz von Thun zwei Arten von Botschaften unterscheiden können. Zum einen, wie er sagt, „solche, aus denen hervorgeht, was der Sender vom Empfänger hält, wie er ihn sieht". In unserem Beispiel gibt der Mann der Frau zu verstehen, dass er sie in der konkreten Situation, in der sie sich augenblicklich befindet, für hilfebedürftig hält. Zum anderen übermittelt der Beziehungsaspekt eine Botschaft darüber, „wie der Sender die Beziehung zwischen sich und dem Empfänger sieht". So signalisiert der Mann in unserem Beispiel, dass die Beziehung zwischen ihm und seiner Frau so beschaffen ist, dass eine Äußerung wie „Du, da vorne ist grün" kommentarlos akzeptiert wird. Es wäre aber auch denkbar, dass der Mann die Frau mit seiner Äußerung provozieren will, weil er genau weiß, wie deplatziert sie ist und dass er damit bei ihr einen Wutanfall auslösen kann.

Damit sind wir bei der vierten Seite einer Nachricht angelangt: dem *Appell*. Eine Äußerung von der Art, wie sie der Mann in unserem Beispiel macht, wird ja in der Regel nicht „nur so dahergesagt". Vielmehr soll der Empfänger durch sie dazu veranlasst werden, etwas zu tun. Nachrichten haben demnach fast immer die Funktion, auf den Empfänger Einfluss zu nehmen, ihn zu einem bestimmten Verhalten zu veranlassen, eine gewünschte Reaktion auszulösen. In unserem Beispiel könnte der Appell etwa lauten: „Gib Gas, dann kommen wir noch bei Grün über die Kreuzung!" Hier liegt der Versuch der Einflussnahme ziemlich offen zutage. Das muss jedoch beileibe nicht immer der Fall sein. Die heimtückischsten und hinterhältigsten Formen der Einflussnahme kommen verdeckt und versteckt daher. In solchen Fällen spricht man von Manipulation. Und für einen geschickten Manipulator ist es ein Leichtes, auch die drei anderen Seiten einer Nachricht in den Dienst der beabsichtigten Appellwirkung zu stellen. Schulz von Thun führt diesbezüglich aus: „Die Berichterstattung auf der Sachseite ist dann einseitig und tendenziös, die Selbstdarstellung ist darauf ausgerichtet, beim Empfänger bestimmte Wirkung zu erzielen (zum Beispiel Gefühle der Bewunderung oder Hilfsbereitschaft), und auch die Botschaften auf der Beziehungsseite mögen von dem heimlichen Ziel bestimmt sein, den anderen ‚bei Laune zu halten' (etwa durch unterwürfiges Verhalten oder durch Komplimente)." Sach-, Selbstoffenbarungs- und Beziehungsseite einer Nachricht werden in einem solchen Fall gezielt eingesetzt, um die Wirkung des angestrebten Appells zu verstärken. Sie spiegeln dann keineswegs Realität wider, sondern werden funktionalisiert und instrumentalisiert: Sie werden mit Bedacht als Werkzeuge zum Zweck der Manipulation eingesetzt.

Kommunikationsgrundsätze und Doppelbindung: Paul Watzlawick und Gregory Bateson

In dem zusammen mit Janet Beavin und Don Jackson verfassten, bahnbrechenden Werk *Menschliche Kommunikation*, im Original 1967 erschienen, hat der Kommunikationstheoretiker und Verhaltenstherapeut Paul Watzlawick Grundstrukturen und Wirkungen der menschlichen Kommunikation sowie ihren Zusammenhang mit Verhaltensstörungen analysiert. Dabei stießen er und seine Koautoren auf mehrere von ihnen so genannte Axiome, die für die Struktur menschlicher Kommunikation grundlegend sind. Vier von ihnen sind für den vorliegenden Zusammenhang von besonderer Bedeutung.[54]

Das erste dieser Axiome besagt: Man kann nicht *nicht* kommunizieren. Kommunikative Prozesse laufen nicht nur mit Hilfe von Wörtern ab, sondern auch immer über sogenannte paralinguistische Phänomene, als da beispielsweise sind: Tonfall, Schnelligkeit oder Langsamkeit der Sprache, Pausen, Lachen und Seufzen, ferner Körperhaltung, Ausdrucksbewegungen wie Mimik und Gestik usw. Kurz gesagt: Kommunikation läuft über Verhalten jeder Art. Verhalten nun besitzt eine merkwürdige Eigenschaft, die so grundlegend ist, dass sie, wie Watzlawick betont, oft übersehen wird: Verhalten nämlich hat kein Gegenteil. Oder anders formuliert: Man kann sich nicht *nicht* verhalten.

Nichthandeln oder Schweigen haben ebenso Mitteilungscharakter wie Handeln oder Sprechen: „Sie beeinflussen andere, und diese anderen können ihrerseits nicht *nicht* auf diese Kommunikation reagieren und kommunizieren damit selbst." Damit gilt gleichsam axiomatisch: Man kann nicht *nicht* kommunizieren!

Das zweite Axiom besagt: Bei jedem Kommunikationsvorgang lässt sich ein *Inhalts-* von einem *Beziehungs*aspekt unterscheiden. (Hier sei an die entsprechenden Ausführungen von Schulz von Thun erinnert.) Der Inhaltsaspekt vermittelt Daten, Informationen, Fakten. Der Beziehungsaspekt gibt demgegenüber Hinweise auf die zwischenmenschliche Beziehung zwischen Sender und Empfänger; er weist also an, wie die Daten, die der Inhaltsaspekt vermittelt, aufzufassen sind. Damit ist der Beziehungsaspekt eine Kommunikation über eine Kommunikation – mit einem Fachbegriff gesagt: eine „Metakommunikation". Das heißt, er bestimmt den Inhaltsaspekt in dem Sinne, dass er festlegt, wie eine Information zu verstehen ist. Zur Verdeutlichung gibt Watzlawick folgendes Beispiel: Die beiden Mitteilungen „Es ist wichtig, die Kupplung langsam und weich zu betätigen" und „Lass das Kupplungspedal einfach aus, das tut dem Getriebe sehr gut" haben ungefähr denselben Informationsinhalt – nämlich dass eine bestimmte Handlung gut für das Autogetriebe ist. Offensichtlich aber definieren sie zwei grundverschiedene Beziehungen zwischen Fahrlehrer und Schüler.

Das dritte Axiom besagt: Menschliche Kommunikation ist nicht in Kausalketten auflösbar. Das bedeutet: Es lässt sich nie genau angeben, wer beispielsweise bei einem Streit mit der Streiterei angefangen hat. Anfänge werden nur subjektiv gesetzt, als „Interpunktionen", wie Watzlawick sie nennt. Daher ist die Schuldfrage bei nicht gelingender Kommunikation nicht nur nicht zu klären, dieses Axiom lässt schon die Suche nach einem Schuldigen als sinnlos erscheinen.

Dem vierten Axiom zufolge lässt sich *digitale* und *analoge* Kommunikation unterscheiden. Bei der digitalen handelt es sich um verbale Kommunikation. Sie bezieht sich auf Wörter und Sätze, die bestimmten Gegenständen oder Sachverhalten zugeordnet sind, und vermittelt in erster Linie Informationen. Sie selbst bietet keine Hinweise dafür, wie diese Informationen interpretiert oder bewertet werden sollen. Analoge Kommunikation ist demgegenüber nonverbale Kommunikation. Sie steht in einer viel direkteren, engeren Beziehung zu den Objekten, die sie repräsentiert. Ihre Wurzeln hat sie offensichtlich in viel archaischeren Entwicklungsperioden, und sie besitzt daher eine weitaus allgemeinere Gültigkeit als die wesentlich jüngere und abstraktere digitale Kommunikationsweise. Die analoge Form der Kommunikation bezieht sich nicht auf Dinge oder Sachverhalte, sondern auf die Beziehung zwischen Dingen und Menschen. Der Inhaltsaspekt wird daher digital übermittelt, der Beziehungsaspekt hingegen ist vorwiegend analoger Natur.

Als Teilnehmer an Kommunikationsprozessen muss man ständig zwischen den beiden Arten der Kommunikation hin- und herwechseln, man muss gleichsam ständig zwischen den beiden „Sprachen" übersetzen und rückübersetzen. Dabei bietet besonders die analoge Kommunikationsform zahlreiche Ansatzpunkte für Fehlinterpretationen, Missverständnisse und Irrtümer. In analoger Sprache nämlich werden zum Beispiel Empfindungen ausgedrückt, die sich der „logischen" digitalen Kommunikation entziehen. Es dürfte auf der Hand liegen, dass hier der Kernpunkt für das Entstehen von Kommunikationsstörungen und Störungen zwischenmenschlicher Beziehungen liegt. Solche Störungen treten bevorzugt dann auf, wenn Inhalts- und Beziehungsaspekt nicht übereinstimmen. In solchen Fällen kann man rasch in eine Situation hineinmanövriert werden, die Gregory Bateson und seine Mitarbeiter 1956 im Zusammenhang mit der Erforschung der Schizophrenie beschrieben und die sie als „double-bind", als „Doppelbindung" bezeichnet haben.[55] Hierbei handelt es sich um eine kommunikative Situation, die im Hinblick auf Beeinflussung und Manipulation von nicht zu überschätzender Bedeutung ist, handelt es sich doch um eine Art „Beziehungsfalle" beziehungsweise „Zwickmühle".

Watzlawick, Beavin und Jackson arbeiteten im Anschluss an Bateson folgende Strukturmerkmale von Doppelbindungen heraus.[56] Erstens: Zwei oder mehrere Personen stehen zueinander in einer engen

Kommunikationsgrundsätze und Doppelbindung

Beziehung, die für einen von ihnen oder auch für alle einen hohen Grad von physischer und/oder psychischer Wichtigkeit besitzt. Als Beispiele sind etwa anzuführen: Familie, Krankheit, Gefangenschaft, materielle Abhängigkeit, Freundschaft und Liebe. Zweitens: In diesem Kontext wird eine Mitteilung gegeben, die a) etwas aussagt (dies ist der Inhaltsaspekt), b) etwas über ihre eigene Aussage aussagt (dies ist der Beziehungsaspekt), das heißt schon eine Deutung mitliefert, etwas über die Beziehung der beteiligten Personen aussagt, und c) so zusammengesetzt ist, dass diese beiden Aussagen einander negieren beziehungsweise unvereinbar sind. Drittens: Der Empfänger dieser Mitteilung kann der durch sie hergestellten Beziehungsstruktur nicht dadurch entgehen, dass er über sie metakommuniziert (sie kommentiert) oder sich aus der Beziehung zurückzieht.

All das besagt: Diese Mitteilung ist zwar logisch sinnlos beziehungsweise paradox, aber man kann nicht *nicht* auf sie reagieren. Oder anders gesagt: Das Problematische an einer solchen Doppelbindung besteht darin, dass Inhalts- und Beziehungsaspekt nicht übereinstimmen. Eine solche Situation – das haben bereits die Forschungen Batesons ergeben – kann im schlimmsten Fall „schizophrenogen" sein.

Verdeutlichen wir uns die Problematik einer durch eine Doppelbindung hervorgerufenen Situation anhand eines Beispiels:[57] Eine Mutter verlangt verbal – also digital – Liebe von ihrem Kind. (Das ist der Inhaltsaspekt.) Im Verhalten und Ausdruck jedoch – also analog – gibt sie ihm zu verstehen, dass sie die Liebesbezeigungen des Kindes ablehnt. (Das ist der Beziehungsaspekt.) Sie wird beispielsweise bei Umarmungen, die sie zuvor als erwünscht signalisiert hat, steif wie ein Stock und kommuniziert dadurch: „Ich will deine Liebe nicht." Das Kind lebt somit in einer Doppelbindung: Es *soll* die Mutter lieben, *darf* es aber nicht. Ganz gleich, was das Kind tut, es tut immer das Falsche.

Nehmen wir ein anderes alltägliches Beispiel: Eine Frau schenkt ihrem Mann zwei Hemden. Wenn er zum ersten Mal eines der beiden Hemden anzieht, blickt sie ihn traurig an und sagt: „Das andere gefällt dir nicht?" Hier bekommt der Partner zwei Wahlmöglichkeiten.

Sobald er sich für eine entscheidet, wird ihm vorgeworfen, sich nicht für die andere entschieden zu haben.

Grundsätzlich hat man es bei solchen Doppelbindungen mit einer sogenannten „Illusion der Alternativen" zu tun, die ein hohes Maß an Manipulationskraft in sich birgt. Ihr einfaches Grundschema ist: Tut jemand A, hätte er B tun sollen, und tut er B, hätte er A tun sollen.[58] Paul Watzlawick veranschaulichte diesen Sachverhalt, indem er im kalifornischen Palo Alto, wo sich sein Institut befindet, ein Transparent über die Autobahn spannte mit der Aufschrift „Ignore this sign!" („Ignoriere dieses Zeichen!"). Egal, wie man in einem solchen Fall als Autofahrer reagiert, man tut immer das Falsche. Aber: Man kann auch nicht *nicht* reagieren. Man hat in einer solchen Situation nur die *Illusion* einer Alternative: Ignoriert man das Zeichen, tut man genau das, was das Zeichen verlangt – aber genau dadurch ignoriert man es ja nicht! Ignoriert man es nicht, gerät man in Widerspruch zu dem, was das Zeichen verlangt. Kurz und gut: In Situationen wie dieser wird eine Aufforderung durch Befolgung missachtet und durch Missachtung befolgt.

Watzlawick zieht daraus die Schlussfolgerung: Kommunikationstheoretisch gesehen ist der freie Wille eine Paradoxie. Er ist eine Strategie, um unsere seelische Gesundheit zu sichern. In der alltäglichen Kommunikation werden wir ständig mit Paradoxien und Illusionen von Alternativen konfrontiert. Um unserer psychischen Gesundheit willen machen wir uns dann selbst etwas vor – etwa, dass unser Wille absolut frei ist und wir unbeeinflusst zwischen echten Alternativen wählen können. Kurz gesagt: Aus psychohygienischen Gründen manipulieren wir uns in solchen Fällen nur zu bereitwillig selbst.

Sozialpsychologische Welten – oder: Wie wir von anderen beeinflusst werden

Ankerpunkt und Ankerfalle

Ein erstaunlich wirksames und leicht zu handhabendes Instrument, wenn es um Manipulation und Verführung von Menschen geht, ist der sogenannte „Anker".[59] Machen wir uns das, worum es dabei geht, zunächst an einem einfachen und alltäglichen Beispiel klar. Nehmen wir an, ich möchte mir eine neue Kamera zulegen und habe auch schon ein bestimmtes Modell der Firma XY im Auge. Nun erzählt mir ein Freund, er habe vor ein paar Tagen exakt eine solche Kamera für 200 Euro gekauft. Nun sehe ich zufällig in einem Discountgeschäft dieselbe Kamera für 175 Euro. Natürlich erscheint mir das als ein günstiges Angebot, denn durch die Angabe meines Freundes wurde bei mir ein „Ankerpunkt" von 200 Euro gesetzt. Dieser Anker fixiert mein Denken (so wie ein Anker ein Schiff fixiert; daher die Bezeichnung): Von ihm aus erscheint mir jeder Preis, der deutlich unterhalb des Ankerpunkts liegt, als attraktiv.

Selbstverständlich funktioniert der Anker auch in der anderen Richtung. Hätte mir mein Freund gesagt, diese bestimmte Kamera, die ich kaufen möchte, dürfe seiner Meinung nach nicht mehr als 150 Euro kosten, wäre der Preis des Discounters in Höhe von 175 Euro nicht sonderlich verlockend.

Dieses Phänomen ist in der Psychologie schon lange bekannt. Der Nobelpreisträger Daniel Kahnemann und sein Kollege Amos Tversky haben es bereits in den 1970er Jahren untersucht. In ihren Testdurchliefen ließen sie Versuchspersonen schätzen, wie hoch der Prozentsatz afrikanischer UN-Mitgliedstaaten ist. Zugleich warfen sie einen Anker aus, indem sie beispielsweise fragten, ob es mehr oder weniger als 65 Prozent seien. Was als Hilfestellung bei der Entscheidungsfindung daherkam, fixierte in Wahrheit das Denken. So tippten die Probanden im vorliegenden Fall im Schnitt auf 45 Prozent. Setzten Kahnemann und Tversky in einem anderen Testdurchlauf den Anker „mehr oder weniger als 10 Prozent", so entschieden sich die Versuchsteilnehmer für 25 Prozent.

Allein schon diese simpel angelegten Tests führen zweierlei vor Augen. Erstens: Unsere Ankerpunkte sind äußerst einfach zu manipulieren. Und zweitens: Wir tappen immer wieder in die Falle, die uns der Ankerpunkt stellt. Verdeutlichen wir uns das wiederum an einem Beispiel. Testpersonen wurden die beiden folgenden Fragen vorgelegt:
1. Ist die Bevölkerung der Türkei größer als 30 Millionen?
2. Wie groß ist Ihrer Schätzung nach die Bevölkerung der Türkei?

Dabei zeigte sich, dass die Antwort der meisten Testpersonen stark von dem Ankerpunkt „30 Millionen" beeinflusst wurde, der allerdings willkürlich gewählt war. (Tatsächlich wurde die Bevölkerung der Türkei im Juli 2001 auf etwa 66,5 Millionen geschätzt.) Ersetzte man die Zahl „30 Millionen" in der ersten Frage durch „100 Millionen", gab man also einen höheren Ankerpunkt vor, so erhöhte sich die Schätzung bei der zweiten Frage um viele Millionen.

Das Setzen eines Ankerpunkts zu Manipulationszwecken ist ein Verfahren, das nahezu universell anwendbar ist. Ganz gleich, ob das Alter Mahatma Gandhis, die Höhe des Kölner Doms oder etwas anderes geschätzt werden soll, sobald ein Ankerpunkt vorgegeben wird, ist die Falle kaum noch zu umgehen – es sei denn, man hat die nachgefragte Angabe gerade zufällig im Kopf.

Es liegt auf der Hand, dass Ankerpunkt und Ankerfalle beliebte und bewährte Methoden sind, um unser Konsum- und Kaufverhalten zu steuern: Sie funktionieren nämlich nicht nur bei Schätzungen und im Experiment, sondern auch im wirklichen Leben, so zum Beispiel, wenn es um den Kauf eines Hauses oder eines Gebrauchtwagens geht.

Die Würzburger Psychologen Thomas Mussweiler und Fritz Strack ließen einen Studenten mit seinem alten Auto bei Gebrauchtwagenhändlern und Werkstattbesitzern vorfahren. Bevor nun die Händler einen Ankerpunkt setzen konnten, warf der Student einen Anker, indem er sich erkundigte, ob sein Wagen mehr oder weniger als 2500 Euro wert sei. Bei diesem Ankerpunkt fielen die Schätzungen der Profis deutlich höher aus als in den Fällen, in denen er nur 1000 Euro ins Gespräch brachte.

Brisant wird die Angelegenheit mit dem Ankerpunkt und der Ankerfalle dann, wenn mit ihnen in sensiblen Bereichen operiert wird, wo es um das Schicksal von Menschen geht, etwa in der Rechtsprechung, konkret bei der Ansetzung des Strafmaßes durch den Richter. Hier mag man vielleicht stutzen. Entscheidet ein Richter denn nicht allein nach rein rationalen Kriterien und nach sorgfältiger Abwägung aller relevanten Fakten? Mitnichten! Denn ein Anker wirkt unbewusst und gegen jede Vernunft. Die Würzburger Psychologin Birte Englich entdeckte im Rahmen eines Forschungsprojekts zusammen mit ihren bereits erwähnten Kollegen Mussweiler und Strack einen höchst subtilen Einfluss von Ankerpunkten auf die richterliche Entscheidungsfindung und Urteilsbildung. Das Psychologenteam hatte insgesamt 19 Richtern eines Landgerichts einen erfundenen, aber realistischen Fall zur Entscheidung vorgelegt. Hatte der Staatsanwalt beispielsweise 34 Monate Haft gefordert, verhängten die Richter im Schnitt 29 Monate. Hatte er hingegen nur zwei Monate verlangt, sank auch das Strafmaß, das die Richter verhängten, nämlich auf 19 Monate. Die Urteile der Richter orientierten sich also stark an den Forderungen der Staatsanwälte, das heißt an den von ihnen gesetzten Ankern.

Birte Englich gewann anhand dieser Ergebnisse die Erkenntnis, dass die Richter zu ihrem Urteil gelangten, weil die Staatsanwälte *vor* den Verteidigern plädierten. Dadurch bot sich ihnen die Chance, mit der Höhe des beantragten Strafmaßes nicht nur die Richter, sondern auch die Verteidiger, die ja erst nach ihnen zu Wort kamen, zu beeinflussen.

Im weiteren Zuge dieser Forschungsstudie wurde 42 Juristen, bei denen es sich um Rechtsreferendare und erfahrene Anwälte handelte, die Akte eines ausführlich beschriebenen Vergewaltigungsfalls vorgelegt, der alle für eine Entscheidungsfindung relevanten Materialien wie Zeugenaussagen und Sachverständigengutachten enthielt. Nach gründlichem Studium der Akten sollten die Richter das Strafmaß festsetzen. Auch diesmal kam heraus: Sie ließen sich von den manipulierten Strafforderungen beeinflussen. Verlangte der Ankläger zum Beispiel eine Haftstrafe von 12 Monaten, plädierten die Verteidiger auf 10 Monate. Veranschlagte der Ankläger 34 Monate Gefängnis, erhöhten die Verteidiger die eigene Forderung auf 17 Monate. Sie alle tappten bereitwillig in die Ankerfalle.

Aufgrund solcher Experimente könnte nach Ansicht von Birte Englich ein altehrwürdiger Rechtsgrundsatz erschüttert werden, nämlich der, dass die Verteidigung vor Gericht das letzte Wort haben muss, damit sie die Chance hat, alle Argumente der Staatsanwaltschaft zu kontern. Ihre Untersuchungen deuten nämlich darauf hin, dass der vermeintliche Nachteil des ersten Plädoyers für den Ankläger in Wahrheit ein Vorteil ist: Auf diese Weise hat er es in der Hand, einen Ankerpunkt zu setzen und so unbewusst sowohl den nach ihm plädierenden Verteidiger als auch den Richter zu beeinflussen.

Der Konformitätsdruck in der Gruppe: Die Asch-Experimente

Es ist eine Binsenweisheit, dass Menschen in eine mehr oder weniger funktionierende Gesellschaft mit sozialen Verbänden und Gemeinschaften hineingeboren und im weiteren Verlauf ihres Lebens Mitglied zahlreicher Gruppen werden. Diese Gruppen – und das ist eine weitere Binsenweisheit – ermöglichen bestimmte Verhaltensformen, die es ohne sie nicht geben würde – so beispielsweise das Führertum –, und sie wirken in spezifischer Weise auf das Handeln und Verhalten ihrer Mitglieder, aber auch auf deren Ansichten und Einstellungen ein. Nicht selten, auch das ist nur allzu bekannt, üben Gruppen dabei einen enormen Konformitätsdruck auf ihre Mitglieder aus.

Der Konformitätsdruck in der Gruppe: Die Asch-Experimente

Überaus instruktive Beispiele dafür, wie effektiv der Einfluss einer Gruppe auf die Meinungs- und Urteilsbildung einer Einzelperson sein kann, liefern die Experimente, die Salomon Asch 1951 durchführte.[60] Wie bei psychologischen Untersuchungen üblich, wurden die Personen, die an den Versuchen teilnahmen, nicht über den wahren Untersuchungsgegenstand informiert. Gesagt wurde ihnen, es ginge lediglich um ein simples Experiment zum Schätzen von Längen. Die Versuchspersonen gingen mithin davon aus, bei diesem Experiment handele es sich um eine Wahrnehmungsübung, die darin bestehe, die Längenunterschiede von Linien zu erkennen.

Aschs Versuchsaufbau war denkbar einfach: Auf den Bildern, die den Versuchspersonen gezeigt wurden, war links eine Linie gezeichnet, rechts daneben drei unterschiedlich lange Linien, von denen eine genauso lang war wie die Linie auf der linken Seite. Die Versuchspersonen sollten nun entscheiden, welche dieser drei Linien der linksseitigen Linie entsprach. Nichts leichter als das, könnte man meinen. Aber jetzt kommt das eigentlich Perfide der Angelegenheit ins Spiel. Die Versuchsperson saß nämlich nicht allein vor den Bildern, sondern mit ihr befanden sich sieben weitere Personen im Raum, die, sobald der Versuch begann, laut ihre Urteile abgaben. Diese sieben Personen – auch das ist einer der Tricks, die bei psychologischen Tests zum Einsatz kommen – waren allesamt Gehilfen des Versuchsleiters. Dieser hatte sie angewiesen, immer nur falsche Urteile abzugeben. Das heißt im Klartext: Unsere Versuchsperson sah sich einer siebenköpfigen Mehrheit gegenübergestellt, deren Urteile in jedem einzelnen Fall ihrer eigenen Sinneswahrnehmung widersprachen. Sie war also gezwungen, ihre eigene Meinung gegenüber einer Gruppe zu vertreten.

Man sollte erwarten, dass es bei einer solch einfachen Wahrnehmungsübung zu einer nur geringen Fehlerquote kommt, so dass die Versuchsperson sich ihres Urteils eigentlich sicher sein dürfte. Aber natürlich kam es ganz anders. Nach insgesamt zwölf Durchgängen stand fest: Ein Drittel – genau 32 Prozent – aller Schätzungen der Versuchsperson waren von den vorsätzlich falschen Urteilen der Gruppenmitglieder beeinflusst! Die Testpersonen der Kontrollgruppe hingegen, die nicht durch falsche Urteile von Assistenten des Versuchsleiters in ihren Wahrnehmungsurteilen manipuliert worden waren, wiesen hingegen eine wesentlich niedrigere Fehlerquote auf. Das Ergebnis des Experiments offenbarte auf ernüchternde Weise die Neigung der Versuchsperson, ihre Meinung der Meinung der Mehrheit anzugleichen, mit ihr konform zu gehen.

Nun wollte Asch noch mehr über die Persönlichkeit der Versuchspersonen in Erfahrung bringen und herausfinden, warum die Versuchspersonen trotz besseren Wissens dem offensichtlich falschen Konsens der Gruppe gefolgt waren. Zu diesem Zweck interviewte er nach Beendigung der Experimente jeden einzelnen Versuchsteilnehmer. Diese Interviews erlaubten das Fazit, dass diejenigen Personen, die häufig dem Gruppendruck nachgegeben hatten, sich auf drei Reaktionstypen verteilen ließen. Einige der Versuchspersonen sahen tatsächlich die Urteile der anderen sieben Personen, also die Mehrheitsurteile, als richtig an. Das aber bedeutet nichts weniger, als dass der Gruppendruck so stark war, dass er Wahrnehmungsverzerrungen verursachte. Der Zwang zur Konformität veränderte mithin die Wahrnehmung der Versuchspersonen: Das, was sie mit ihren eigenen Augen sahen, wurde durch die falschen Urteile der anderen Versuchsteilnehmer verfälscht.

Zu einem zweiten Reaktionstyp ließen sich diejenigen zusammenfassen, die annahmen, ihre eigene Wahrnehmung sei vermutlich falsch und die Wahrnehmung der Mehrheit – eben weil es die der Mehrheit war! – vermutlich richtig. Bei diesem Personenkreis kam es zu einer Verzerrung der Urteilsfähigkeit. Die Betreffenden trauten ihrem eigenen Urteil nicht mehr, sobald die Gruppenmehrheit Urteile abgab, die von ihnen abwichen. Asch führte das auf mangelndes Selbstvertrauen der Versuchspersonen zurück.

Und schließlich, so fand er heraus, gaben einige deswegen nach und schlossen sich den offenkundig falschen Urteilen der Mehrheit an, weil sie das Bedürfnis verspürten, von den anderen Gruppenmitgliedern nicht als Abweichler eingeschätzt zu werden. Das Motiv für die Nachgiebigkeit war bei diesem dritten Reaktionstypus also der Wunsch nach Akzeptanz durch die Gruppe.

Der Konformitätsdruck in der Gruppe: Die Asch-Experimente 89

Halten wir als Zwischenbefund fest: Gruppen erzeugen Konformitätsdruck. Dieser Druck ist in der Lage, das eigene Urteil, ja die eigene Wahrnehmung zu verändern.
Asch hat es nicht bei dieser ersten Versuchsanordnung bewenden lassen. In einem zweiten Testdurchgang veränderte er die Gruppenstruktur. Er wollte herausfinden, ob die zahlenmäßige Größe der Gruppe, die einstimmig urteilt, einen bedeutsamen Faktor für das Urteilsverhalten der Versuchsperson darstellt. Bestand die Gruppe nur aus der Versuchsperson und einem Verbündeten des Versuchsleiters, dann gab die Testperson ihr Urteil völlig unabhängig von dem anders lautenden Urteil der anderen Person ab. Doch schon zwei „Gegner" erzeugten eine merkliche Konformität. Verstärkt wurde die Konformität bei drei Gegenstimmen; in diesem Fall erreichte sie bereits ein hohes Niveau. Jenseits dieser Gruppengröße – selbst bei fünfzehn Gegenstimmen – ließ sich keine weitere Zunahme der Konformität feststellen.
Asch führte noch einen weiteren Testdurchlauf mit noch einmal veränderter Gruppenstruktur durch. Diesmal ging es ihm darum, zu untersuchen, ob – und falls ja – wie stark eine veränderte soziale Situation die Wahrnehmung und Urteilsbildung der Versuchspersonen beeinflussen kann. Den Versuchspersonen wurde ein „echter Partner" an die Seite gestellt. Dieser hatte zuvor die Anweisung erhalten, immer richtig zu antworten. Diese geringfügig modifizierte soziale Situation führte zu einer Verstärkung der Unabhängigkeit der Versuchspersonen gegenüber dem Druck der Mehrheit. Im Schnitt sank die Fehlerquote auf 5,5 Prozent gegenüber den 32 Prozent des ursprünglichen Experiments. Ein einziger Gleichgesinnter genügte mithin, um die Versuchspersonen von dem ihnen zugemuteten Konformitätsdruck zu entlasten. Mit anderen Worten: Die Hilfestellung auch nur eines Partners, der die Versuchsperson unterstützte, reichte aus, ihren Widerstand gegen den hohen Gruppendruck zu stärken, ja ihn gar zu brechen.
Bestätigt wurde diese Erkenntnis durch eine erneute Veränderung der Sozialsituation. In der zweiten Hälfte des Testdurchlaufs wechselte

der Partner die Seiten und trat zu der falsch urteilenden Mehrheit über. Dieser Verlust des Partners und damit der sozialen Hilfestellung führte dazu, dass die Versuchsperson jetzt nicht mehr in der Lage war, unabhängig zu urteilen. Ungeschützt war sie nun dem übermächtigen Druck der Gruppenmehrheit ausgesetzt, dem sie auch prompt wieder unterlag: Die Fehlerquote stieg nämlich von 5,5 Prozent auf 28,5 Prozent an.

Asch ließ die Frage, ob in diesem Fall das Alleinsein oder das Im-Stich-gelassen-Werden der entscheidende Faktor für die erneute starke Tendenz zur Konformität war, unbeantwortet. Das spielt jedoch für unsere Fragestellung keine allzu große Rolle. Entscheidender sind die generellen Einsichten, die sich aus seinen Experimenten gewinnen lassen. Und die besagen: Wir unterliegen dem Einfluss anderer in weit stärkerem Ausmaß, als wir uns eingestehen möchten. Unsere gern und oft behauptete Selbstständigkeit im Wahrnehmen, Denken und Urteilen ist in Wahrheit meist mehr Ausdruck einer Wunschvorstellung denn Wirklichkeit. Wir sind immer wieder offen für Verführungen jeglicher Art. Eine nur geringfügig veränderte soziale Situation, das belegen die Asch-Experimente zur Genüge, reicht bereits aus, uns rasch nachgiebig werden zu lassen. Erst recht gilt das, wenn wir in eine von einer autoritativen Person dominierte Situation geraten. In geradezu erschreckender Weise hat dies das aufsehenerregende Milgram-Experiment vor Augen geführt, das im weiteren Verlauf noch vorgestellt werden wird.

Das Prinzip der sozialen Bestätigung oder Bewährtheit

Im Zusammenhang mit der Thematisierung des Konformitätsdrucks, der durch Gruppen erzeugt wird, lohnt es sich, einen kurzen Seitenblick auf ein Phänomen zu werfen, das in der Sozialpsychologie als „Prinzip der sozialen Bestätigung oder Bewährtheit" bekannt ist. Die Motoren, die diesem Prinzip zur Wirksamkeit verhelfen, sind zwei soziale Kräfte von außerordentlicher Stärke. Der eine Motor ist der soziale Vergleich, das heißt der Vergleich mit anderen. Bei dem zweiten handelt es sich um die bereits erwähnte Konformität, die innerhalb einer Gruppe oder größeren sozialen Gemeinschaft gefordert und im Wesentlichen auch hergestellt wird.

Der soziale Vergleich ist insbesondere im Kontext mit einer Erörterung des Neids seit alters her thematisiert und in seinen verschiedenen Facetten differenziert untersucht worden.[61] Neid, das wusste man bereits in der Antike, entspringt aus dem Vergleich mit anderen, genauer: aus einem Vergleich, bei dem man schlechter abschneidet als der andere. Man nimmt bei einem anderen etwas wahr – dabei kann es sich sowohl um materielle Güter als auch um Charaktereigenschaften oder Persönlichkeitsmerkmale handeln –, das man selbst gern besitzen oder über das man verfügen möchte. Das Neidgefühl speist sich demnach aus dem Empfinden eines Zukurzkommens, eines Niveauunterschieds, dem ein sozialer Vergleich zugrundeliegt.

Nun gibt es im Wesentlichen nur zwei Strategien, mit deren Hilfe man diesen Niveauunterschied ausgleichen kann. Die eine ist der Ehrgeiz. Bei einem neidischen Menschen hat der Ehrgeiz den Zweck, den Abstand zu dem Höherstehenden zu verringern, mit ihm gleichzuziehen. Im Hinblick auf Gleichheit kann er zudem eine zweite Strategie verfolgen: Er kann denjenigen, den er beneidet, auf sein Niveau herabzuziehen. Das ist die Strategie der Nivellierung.

Zu welcher Strategie man im konkreten Fall auch immer greift, in jedem Fall gilt: Der Betreffende fühlt sich aufgrund des sozialen Vergleichs unter Druck, etwas zu verändern. Und das Resultat dieser Veränderung ist in der Regel Konformität: Entweder gleiche ich mich dem anderen an oder aber ich gleiche den anderen mir an.

Hier nun greift das Prinzip der sozialen Bestätigung oder Bewährtheit. Konformes Verhalten ist ein Verhalten, das von der jeweiligen Bezugsgruppe, der man sich zugehörig fühlt, bestätigt wird, das sich innerhalb dieses Bezugsrahmens bewährt. Wenn man sein Verhalten ringsum bestätigt sieht, dann – davon geht man stillschweigend aus – muss es in Ordnung sein, denn schließlich handeln die anderen ja auch alle so.

Robert Levine weist darauf hin, dass das Prinzip der sozialen Bestätigung so geläufig, uns gewissermaßen so in Fleisch und Blut übergegangen sei, dass es leicht unserer Aufmerksamkeit entgehe. So arbeitet zum Beispiel die Werbung verstärkt mit ihm: „Anzeigen bestehen beispielsweise oft aus wenig mehr als attraktiven sozialen Vorbildern, die an unseren Wunsch appellieren, auch zu ihrer Gruppe zu gehören."[62] Aber auch in Fernsehshows, Comedy- und Kabarett-Sendungen werden soziale Signale so exakt platziert, dass wir gar nicht anders können, als uns auf die verlangte Art und Weise zu verhalten. Ein Beispiel hierfür sind die Lachsalven, die in Comedy-Sendungen eingespielt werden. Sie geben uns nicht nur vor, wann wir lachen sollen, sondern auch wie. Levine verweist diesbezüglich auf Untersuchungen, die ganz klar belegen, dass ein Publikum länger und heftiger lacht, wenn in einer Show Lachsalven gezielt platziert werden, als wenn das nicht der Fall ist.[63] Dieses Prinzip funktioniert, obwohl man als Zuschauer sehr wohl weiß, dass das Gelächter, das man hört, vom Band kommt und von Tontechnikern zusammengeschnitten worden ist und mit der Show, die man sich gerade ansieht, rein gar nichts zu tun hat.

Heikel wird der Rückgriff auf das Prinzip der sozialen Bestätigung vor allem dann, wenn Gruppierungen, denen wir eigentlich vertrauen, wie etwa religiöse Gemeinschaften, soziale Bestätigung zu ihren Zwecken ausnutzen. Levine führt als Beispiel eine Praktik an, die man in den USA „den Kollekteteller salzen" nennt, die aber auch in Europa nicht unbekannt ist: „Dabei legen gläubige Saalordner mehrere Banknoten oder Schecks auf einen Teller, ehe er herumgereicht wird. Selbst ein bisschen ‚Salz' bringt die Kollekte in Schwung. Und je stärker ‚gesalzen' wird, desto höher das Ergebnis: Untersuchungen haben gezeigt, dass ‚Salzen' mit Zehn- und Zwanzigdollarscheinen mehr einbringt als ‚Salzen' mit Ein- und Fünfdollarnoten."[64] Hier bewährt sich nicht nur das Prinzip der sozialen Bestätigung, sondern ganz offensichtlich auch die Einsicht P. T. Barnums, des amerikanischen Geschäftsmanns und Zirkusdirektors des 19. Jahrhunderts: „Nichts zieht eine Menge so sehr an wie eine Menge."

Gefärbte Wahlmöglichkeiten und Beschwichtigungsstrategien

Henry Kissinger, von Präsident Richard Nixon 1969 zum Nationalen Sicherheitsberater und 1973 zum Außenminister der USA ernannt, war – und ist wohl heute noch – ein ausgebuffter Psychologe. Mit seinem notorisch entscheidungsschwachen Präsidenten umzugehen, war nie einfach. Zwar war Kissinger überzeugt, politische Entscheidungen lägen bei ihm in besseren Händen als beim Präsidenten, aber selbst schwerwiegende Entscheidungen zu treffen, das war ihm aufgrund seiner Funktion nicht möglich. Sein Job bestand in erster Linie darin, für die Sicherheits- und Außenpolitik relevante Informationen zu sammeln und diese dem Präsidenten zwecks Entscheidungsfindung vorzulegen.

Was macht nun jemand, der gerne selbst entscheiden möchte? Nun, er greift zu einem einfachen, gleichwohl auf subtile Weise wirkenden Trick. Kissinger erklärte nämlich später, er habe Nixon immer drei oder vier Wahlmöglichkeiten vorgelegt, aber – und das ist das Raffinierte daran – er habe diese Wahlmöglichkeiten, wie er sagt, „gefärbt", das heißt, er habe sie Nixon so präsentiert, dass seine – Kissingers – eigene Position als die beste erschien. „Der Mangel an Alternativen", pflegte Kissinger süffisant hinzuzufügen, „klärt den Geist."[65]

Diese Methode des Färbens von Wahlmöglichkeiten machen sich Werbe- und Marketingstrategen nur zu gern zunutze. Beim Vorbringen eines Anliegens oder der Präsentation einer neuen Marketingstrategie empfiehlt es sich, beide Seiten eines Anliegens – also sowohl das Pro als auch das Kontra – vorzubringen. Das hat den Effekt, dass man als glaubwürdiger angesehen wird als jemand, der nur sein Produkt anpreist oder sein Anliegen präsentiert. Und bei jemandem, der glaubwürdig erscheint, ist man eher geneigt, ihm Gehör zu schenken oder sich mit seinem Produkt zu beschäftigen. Und schon hat man sich durch einen einfachen Trick einwickeln lassen.

Levine stellt heraus, diese Methode sei auch bei Empfehlungsschreiben wirkungsvoll und daher sehr beliebt.[66] Wenn man jemanden einem anderen empfehlen will, liegt es nahe, alle Pluspunkte des zu empfehlenden Kandidaten hervorzuheben. Aber genau das kann ins Auge gehen und sich als kontraproduktiv erweisen. Denn Leser von Empfehlungsschreiben wissen natürlich nur zu gut, dass niemand perfekt ist. Und die allzu offensichtliche Konzentration nur auf die positiven Eigenschaften des Kandidaten wirkt wenig objektiv, ja vielleicht gar manipulativ, auf jeden Fall aber unglaubwürdig. Folglich liegt es nahe, den von Henry Kissinger propagierten und mit Erfolg angewandten Trick anzuwenden. So kann man etwa negative Informationen über den Kandidaten einflechten, die im Grunde jedoch trivial sind, wie zum Beispiel: „Mr. De Niro hatte im ersten Semester im Junior College Schwierigkeiten, sich auf sein Studium zu konzentrieren, wahrscheinlich weil er gerade von seinem Einsatz im Golfkrieg zurückkam, für den er hoch dekoriert wurde, aber seither hatte er immer erstklassige Noten." Oder aber man stellt etwas als Schwäche dar, das in Wahrheit eine Stärke ist: „Das Einzige, das ich an Herrn Meier auszusetzen habe, ist, dass er sich oft übermäßig anstrengt." Ein anderes Beispiel hierfür wäre etwa: „Ich wünsche mir manchmal, Herr Schmidt wäre in Bezug auf seine Leistungen nicht ganz so bescheiden." Dadurch werden dem Empfänger gefärbte Informationen angeboten, und unversehens gerät er auf die mentale Schiene, auf der ihn der Manipulator haben wollte.

Eine Variante der Taktik des Färbens der Wahlmöglichkeiten stellen die sogenannten Beschwichtigungsstrategien dar.[67] Sie sind vornehmlich in jenen Situationen und Lebenslagen höchst effektiv, in denen die Gefahr besteht, bei seinen Mitmenschen neidische und missgünstige Reaktionen auszulösen. Wenn dem Betreffenden bewusst wird, dass er durch seine Güter, seine Vorzüge oder seine Privilegien im Begriff ist, bei seiner Mitwelt Neid zu erregen und ihn das in das Zentrum einer Aufmerksamkeit rückt, die von negativen, das heißt latent oder offen feindseligen und aggressiven Untertönen durchzogen ist, so ist er gut beraten, eben diese anderen zu beschwichtigen. Wie das geht, kann man bereits bei dem griechischen Schriftsteller Plutarch nachlesen, der zwischen 46 und 126 lebte.[68] Er empfiehlt in seiner Schrift über die Seelenruhe, die eigenen Vorzüge und das eigene Wohlergehen nicht in vollem Glanz nach außen hin zu präsentieren. Um bei anderen erst gar keine feindseligen Reaktionen aufkommen zu lassen, sei es viel klüger, den eigenen Vorzügen einige Unvollkommenheiten beizumischen und selbst auf geringe Mängel aufmerksam zu machen. Plutarch erteilt diesen Rat vor dem Hintergrund der von ihm gewonnenen Erkenntnis, alle Fehler, die nicht schändlich oder unedel seien, würden den scheelen Blick, mit dem man beäugt werde, unschädlich machen, wenn man sie mit Selbstlob verbinde. Auch das Eingeständnis von Armut, Unwissenheit oder einer niedrigen Abkunft ist seiner Überzeugung nach in der Lage, die latent aggressiven Affekte der anderen abzuschwächen. Demnach gilt es also, wenn man es denn zu einigem Wohlstand, Einfluss und dergleichen gebracht hat, immer von Neuem herauszustellen, wie viel Mühsal und Entbehrungen man auf sich genommen, wie sehr man sich gequält und was man nicht alles erlitten und erduldet hat, um dahin zu kommen, wo man jetzt steht. Geht die Rechnung auf, beschwichtigt das die Missgunst der anderen, lässt ihren Hass erkalten, stimmt sie milder, ja lässt sie am Ende gar Mitleid mit dem Emporkömmling empfinden. Das wäre dann allerdings das Höchste – und vielleicht auch Perfideste –, was eine Beschwichtigungsstrategie zu leisten in der Lage ist.

Plutarch selbst hängt die Messlatte indessen nicht so hoch. Ihm scheint es schon zu genügen, wenn mit Hilfe von Beschwichtigungsstrategien Neid und Missgunst der anderen gedämpft werden. Erreicht werden kann das seiner Überzeugung nach über die angeführten Maßnahmen hinaus auch dadurch, dass man mit dem eigenen Lob, mit dem Herausstellen des eigenen Könnens, das der Zuhörer verknüpft. Auf diese Weise, so überlegt Plutarch, wird eine Art Interessengleichheit hergestellt. Das ist scharf beobachtet und schlau argumentiert. Denn durch die Herstellung einer Art Interessengleichheit zwischen mir und dem anderen wird Letzterem von vornherein die Möglichkeit genommen, sich mit mir weiterhin zu vergleichen, stehen wir doch jetzt beide – wenn auch nur mit Hilfe eines raffinierten rhetorischen Tricks – auf der gleichen Ebene, so dass sich für feindselige Attacken kaum noch Angriffsflächen bieten.

Ähnlich hat später der Philosoph, Naturwissenschaftler und mit allen Wassern gewaschene Politiker Francis Bacon argumentiert, der zwischen 1561 und 1626 lebte und stets darauf bedacht war, für jeden nur erdenklichen Fall die passende Strategie zur Hand zu haben. Er geht von der Erfahrung aus, dass diejenigen, die unter großer Mühsal und Anstrengung zu Ehre und Ansehen gekommen sind, weit weniger angefeindet werden als andere. Daher schlägt er vor, erfolgreiche Personen sollten – „um die Schärfe des Neides abzustumpfen" – auf der Höhe ihres Erfolgs „unaufhörlich wehklagen, was für ein Leben sie führten, und immerfort ein ‚Quanta patimur!' anstimmen"[69]: Wie unendlich leiden wir! Besonders gut studieren könne man eine solche Strategie bei den klügsten und nüchternsten Staatsmännern. Laut Bacon verfehlt diese Strategie ihre Wirkung besonders dann nicht, wenn den betreffenden Personen ihre Geschäfte auferlegt worden sind. Weit weniger gut funktioniere sie, wenn sie sich selbst um ihre Ämter gerissen hätten. Denn für Bacon ist nicht von der Hand zu weisen: „Nichts verstärkt nämlich den Neid mehr als unnötiges und ehrgeiziges Ansichreißen von Ämtern."[70] Umgekehrt gilt: Neid und Missgunst werden auf dem Feld der Politik dann am wirksamsten ausgeschaltet, wenn eine hochgestellte Persönlichkeit allen untergeordneten Beamten die vollen Rechte und Vorzüge ihrer Ämter lässt. „Dadurch", so Bacon wörtlich, „stellt sie ebenso viele Schutzwehren zwischen sich und dem Neide her."[71]

Aus diesen Überlegungen Bacons sprechen ohne Zweifel eigene Erfahrungen, die er als Autor, Wissenschaftler und Politiker über Jahrzehnte hinweg sammeln konnte. Gerade dieser Umstand, dass die von ihm erteilten Ratschläge mit Erfahrung gesättigt sind und als vielfach bewährt gelten können, dürfte mehr sein als bloß ein Indiz für die Wirksamkeit von Beschwichtigungsstrategien.

Der Menschen Hörigkeit: Das Milgram-Experiment

Wahrscheinlich wissen die meisten von uns – womöglich alle – aus eigener Erfahrung, dass wir es nicht mögen, wenn uns jemand sagt, was wir tun sollen, wenn man uns Vorschriften – gleich welcher Art – macht, wenn man uns zu einem bestimmten Verhalten veranlassen möchte. In solchen Fällen sind wir geneigt, den Gehorsam zu verweigern. Wir haben das Gefühl, manipuliert zu werden und widersetzen uns dem an uns gerichteten Ansinnen. (Nebenbei gesagt: Für den Umgang mit anderen Menschen lässt sich daraus die taktische Folgerung ziehen, keine direkten und offenen Forderungen zu stellen, wenn man jemanden zu einem bestimmten Verhalten veranlassen möchte.)

Was aber wäre, wenn die Forderungen zunächst eher verdeckt und versteckt daherkommen würden und zudem leicht zu erfüllen wären, so dass wir nicht das Gefühl haben, zu irgendetwas gedrängt zu werden? Würden wir uns in einem solchen Fall dem anderen auch verweigern? Und – weiter gefragt – was wäre, wenn wir uns erst einmal auf das Ansinnen des anderen eingelassen haben: In welchem Maße sind wir bereit, weitergehenden Forderungen oder Anordnungen, die schrittweise hochgeschraubt werden, nachzukommen? Können wir sicher sein, bei einer langsamen Erhöhung der Forderungen jederzeit aussteigen zu können? Möglicherweise sind wir geneigt, mit Ja zu antworten. Aber das wäre voreilig, wie das spektakuläre Experiment, das der amerikanische Sozialpsychologe Stanley Milgram Mitte der 1960er Jahre an der Yale-Universität durchführte, schlagend beweist.[72] Dieses Experiment diente dazu, den Konflikt zu untersuchen, in den jemand gerät, wenn ihm von einer Autoritätsperson befohlen wird, eine andere Person zu bestrafen und zu verletzen. An dem ersten Durchlauf nahmen Männer im Alter zwischen 20 und 50 Jahren teil. Milgram hatte sie durch Zeitungsinserate angeworben und zahlte für die Teilnahme ein kleines Honorar in Höhe von 4,50 Dollar. Er wählte die Versuchspersonen repräsentativ für die Bevölkerungsstruktur der Gebiete New Haven und Bridgeport aus. Zur damaligen Zeit gliederte sich deren männliche Bevölkerung in 40 Prozent Arbeiter, 40 Prozent Angestellte und 20 Prozent Freiberufler. Den Versuchspersonen wurde gesagt, bei der Untersuchung gehe es um die Auswirkungen von Strafen – genaugenommen Elektroschocks – auf Lern- und Gedächtnisleistungen.

Milgram teilte den Versuchsteilnehmern mit, sie seien per Losentscheid dazu bestimmt worden, die Rolle des „Lehrers" zu übernehmen. Ihre Aufgabe bestand darin, dem „Schüler" eine Reihe von Wortpaaren vorzulegen, die gelernt und wiederholt werden sollten. Bei jeder falschen Antwort sollte der „Schüler" einen Elektroschock erhalten. Zu dem Zweck wurde der „Schüler" im Beisein des „Lehrers" in einem Nebenraum auf einem Sitz festgeschnallt, der einem elektrischen Stuhl ähnlich sah. Pro forma wurde er vom Versuchsleiter gefragt, ob er noch irgendwelche Fragen habe. Der Mann erklärte, er litte häufiger unter Herzproblemen, und fragte, ob dieser Versuch gesundheitsgefährdend sei. Der Versuchsleiter versicherte ihm, die Schocks könnten unangenehm sein, sie seien aber nicht gefährlich und würden keine bleibenden Schäden hinterlassen. Dann ging er mit dem „Lehrer" ins Labor zurück, von wo aus man den „Schüler" zwar noch hören, aber nicht mehr sehen konnte. Dort wurde der „Lehrer" vor einen kompliziert aussehenden „Schockgenerator" gesetzt. Auf ihm waren 30 Kippschalter angeordnet, durch die die elektrischen Schläge ausgelöst werden konnten. Sie begannen bei leichten 15 Volt und stiegen in Stufen von jeweils 15 Volt bis zur potentiell tödlichen Spannung von 450 Volt an. Zusätzlich zur Voltzahl waren unter jeweils einer Gruppe von Schaltern Schildchen angebracht, auf denen in ansteigender Folge die Schockstärke vermerkt war: „leichter Schock", „mäßiger Schock", „kräftiger Schock", „schwerer Schock", „sehr schwerer Schock", „Gefahr: bedrohlicher Schock". Unter dem 435-Volt-Schalter und dem 450-Volt-Schalter waren die ominösen Buchstaben „XXX" angebracht. Damit der „Lehrer" eine Vorstellung von der Schmerzhaftigkeit der Schocks gewinnen konnte, erhielt er vom Versuchsleiter vor Beginn des Experiments einen Stromschlag von 45 Volt.

Der Menschen Hörigkeit: Das Milgram-Experiment

Nun begann der Versuch. Jedes Mal, wenn dem „Schüler" ein Fehler unterlief, erhielt er einen Stromschlag, bei jedem weiteren einen stärkeren. Als der „Lehrer" bei 75 Volt angekommen war, schrie der „Schüler" bereits vor Schmerz auf, bei jedem folgenden Schock lauter. Bei 150 Volt – wohlgemerkt: damit ist gerade einmal ein Drittel der maximal möglichen Schockstärke erreicht! – rief der „Schüler", er habe Herzprobleme und bat darum, losgebunden zu werden. Der Versuchsleiter erklärte dem „Schüler", er werde das auf keinen Fall gestatten, da das das Experiment ruinieren würde. Wenn ein „Lehrer" nun zögerte, mit der Bestrafung fortzufahren, und Widerstand erkennen ließ, forderte ihn der Versuchsleiter mit standardisierten Wendungen – ohne ihn anzuschreien oder ihm zu drohen – zum Weiterzumachen auf: „Bitte, fahren Sie fort!", „Es ist absolut unerlässlich, dass Sie weitermachen!", „Sie haben keine Wahl, Sie müssen weitermachen!".

Also machten die Versuchsteilnehmer weiter. Bei jeder Erhöhung der Voltzahl wurde der „Schüler" hysterischer, wurden seine Schmerzschreie lauter. Ab 270 Volt schrie er bei jedem Stromschlag qualvoll auf, ab 300 Volt schrie er, er verweigere fortan jede Antwort, ab 330 Volt war von ihm keinerlei Reaktion mehr zu vernehmen. Natürlich war dem „Lehrer" bewusst, dass im Nebenraum etwas ganz und gar nicht stimmte, er wusste aber nicht, wie genau es um den Zustand des „Schülers" bestellt war. Die Bitte an den Versuchsleiter, doch in den anderen Raum zu gehen und nach der anderen Person zu sehen, wurde von diesem abgelehnt. Er erklärte dem „Lehrer", er, der Versuchsleiter, übernehme die volle Verantwortung für das Wohlbefinden des „Schülers", und befahl ihm weiterzumachen. Sollte der „Schüler" auf die weiteren Fragen keine Antwort geben, so sei das als falsche Antwort zu werten und die Stromstärke entsprechend zu erhöhen. So habe er weiterzumachen, bis er bei 450 Volt angelangt sei.

Halten wir hier kurz inne und fragen uns: Wie weit würden wir selbst gehen? Bis zu welcher Voltstärke wären wir bereit, den Anordnungen des Versuchsleiters zu folgen? Und wer von uns würde bis zur Maximalstärke von 450 Volt gehen? Eine Umfrage vor Beginn des Experiments ergab, dass die Allgemeinheit davon ausging, dass durchschnittlich einer von hundert bis zum Maximalwert gehen würde. Eine Gruppe befragter Psychiater traute das nur einem von tausend zu. Zudem kam heraus, dass die meisten Befragten sich selbst so einschätzten, dass sie bei ungefähr 135 Volt aufhören würden.

Alle lagen daneben, und zwar gehörig. Milgrams Experiment nämlich führte zu einem völlig anderen Ergebnis, zu einem Ergebnis, das unsere Selbsteinschätzung als grandioses Zerrbild erweist und uns frösteln lassen sollte: 25 von 40 Versuchspersonen – also 62,5 Prozent – gehorchten den Anordnungen des Versuchsleiters bis zum Ende und verabreichten die maximale Schockstärke von 450 Volt! Und: Alle diese 25 Personen machten darüber hinaus sogar mit den 450-Volt-Schocks weiter, solange der Versuchsleiter sie dazu aufforderte!

Aber damit noch nicht genug! Milgrams Experiment erbrachte weitere beunruhigende Resultate. Die von allen 40 Teilnehmern im Durchschnitt vergebene Schlagstärke betrug 367,5 Volt – und das, obwohl der „Schüler" schon bei 150 Volt unüberhörbar auf seine Herzprobleme hinwies. Darüber hinaus lieferte es ein Ergebnis, das höchst paradox ist: Der geringe Grad an Ungehorsam, den es überhaupt gab, trat auf, bevor die Schocks wirklich gefährlich wurden. Acht der fünfzehn Versuchspersonen, die aufhörten, weigerten sich weiterzumachen, als der „Schüler" begann, über Herzprobleme zu klagen, das heißt zwischen 135 und 150 Volt. Während der nächsten sechs Schockstufen brach niemand ab, obwohl die Schmerzreaktionen immer heftiger wurden. Fünf Personen gaben zwischen 285 und 315 Volt auf, als der „Schüler" zu verstehen gab, er verweigere fortan jede weitere Antwort und mache nicht mehr länger mit. Interessant ist, was geschah, als ab 330 Volt aus dem Nebenraum keinerlei Reaktion mehr zu vernehmen war und der „Lehrer" annehmen musste, der „Schüler" sei entweder ohnmächtig geworden oder gar gestorben. Wie viele der 27 verbliebenen Testpersonen weigerten sich, noch länger mitzumachen? Wir kennen die Antwort bereits: ganze zwei. Die verbleibenden 25 folgten den Anordnungen des Versuchsleiters bis zum bitteren Ende!

Dabei deutete einiges darauf hin, dass sich die Versuchsteilnehmer der Problematik ihres Handelns durchaus bewusst waren. Viele von

Der Menschen Hörigkeit: Das Milgram-Experiment 101

ihnen ließen nämlich deutliche Anzeichen starker psychischer Anspannung erkennen, die sich in körperlichen Symptomen wie Zittern, Schwitzen, Stottern und nervösem Lachen äußerte. Manche versuchten auch, verbal zu protestieren. Gleichwohl widersetzte sich vor einer Schockstärke von 300 Volt niemand ernsthaft den Anweisungen und Befehlen des Versuchsleiters und brach den Versuch ab.

Zum Glück kam bei diesem Experiment niemand zu Schaden. Bei dem „Schüler" handelte es sich in Wahrheit um einen Mitarbeiter des Versuchsleiters: Er war instruiert, im Nebenraum Schmerzen zu simulieren, seine Reaktionen den immer höheren Voltstärken anzupassen und am Ende Ohnmacht oder gar den Tod vorzutäuschen.

Milgram hatte dieses Experiment durchgeführt, um eines der extremsten Beispiele menschlicher Destruktivität verstehen zu können: die vorsätzliche und systematische Ermordung von Millionen Menschen während des Holocausts. Er wollte herausfinden, wie die bereitwillige Mitwirkung so vieler Deutscher an der Durchführung eines solch ungeheuren Vernichtungsprogramms zu erklären war. Sein Experiment erbrachte den generellen Befund, dass Menschen in einem erschreckend hohen Maß bereit sind, den Anordnungen einer Autoritätsperson – in diesem Experiment: denen des Versuchsleiters – zu gehorchen, und zwar selbst dann, wenn ihr Handeln anderen Menschen schadet und ihnen heftige und gar tödliche Schmerzen zufügt.

Wie eine detaillierte Analyse von Milgrams Experiment ergab, müssen im Wesentlichen fünf Bedingungen erfüllt sein, damit eine solche Gehorsamsbereitschaft aufgebaut werden kann: Erstens muss es eine legitime Autoritätsperson geben. Im Experiment war das der Versuchsleiter, der, weil umgeben von Apparaturen in einem Labor, mit reichlich Insignien von Autorität ausgestattet war. Zweitens muss eine klar erkennbare Rollenverteilung vorliegen: ein Opfer, ein Täter und ein Instruktor. Drittens muss der Situation, in der sich die Akteure befinden, eine Umdefinition von Werten zugrunde liegen. In Milgrams Experiment war die wissenschaftliche Erkenntnis zum alles bestimmenden Wert erklärt worden, gegenüber dem alle anderen Werte, also beispielweise auch moralische Erwägungen, zurückzutreten hatten. Viertens muss die Situation selbst unklar sein, das heißt die Konsequenzen für die Beteiligten dürfen nicht absehbar sein, so dass zu Beginn einer Handlungssequenz nicht klar ist, worauf sie am Ende hinauslaufen wird. Und fünftens schließlich: Die Anfangsschritte müssen vergleichsweise leicht sein, die Verführung muss also mit kleinen Schritten beginnen. Der bereits mehrfach erwähnte amerikanische Sozialpsychologe Robert Levine betont im Hinblick auf diesen Befund, insbesondere das Milgram-Experiment führe deutlich vor Augen, „wie groß die Gefahr ist, dass wir bei sorgfältig strukturierten Sequenzen widerstandslos mitgehen. Das Heimtückische an langsam hochgeschraubten Zugeständnissen", so schreibt er weiter, „ist schon beinahe per definitionem, dass sie Sie in eine Situation bringen, in der Sie nicht wachsam sind. Sie erkennen die ganze Tragweite Ihres Handelns erst im Nachhinein, und dann kann es sehr wohl zu spät sein."[73]

Milgrams auf amerikanischem Boden durchgeführtes Experiment war als Pilotstudie gedacht. Milgram wollte es in Deutschland wiederholen, um herauszufinden, welche Mechanismen und welche Eigenschaften der deutschen Kultur die Menschen während des Dritten Reichs so gehorsamsbereit gemacht hatten. Aber aufgrund der beängstigenden Ergebnisse, die sein Experiment in den Vereinigten Staaten erbrachte – um es noch einmal zu wiederholen: 62,5 Prozent der getesteten Personen gehorchten blind bis zum Schluss –, konnte er sich eine Wiederholung auf deutschem Boden eigentlich sparen. In einem Interview in der CBS-Sendung *60 Minutes* aus dem Jahre 1979 sagte er wörtlich: „Wenn ein System von Todeslagern der Art, wie es sie in Nazi-Deutschland gegeben hat, in den Vereinigten Staaten eingerichtet würde, könnte man ausreichendes Personal für diese Lager in jeder mittelgroßen amerikanischen Stadt finden."

Gleichwohl wurde Milgrams Experiment 1971 in Deutschland wiederholt, und zwar von Mantell am Max-Planck-Institut in München. Das Experiment erregte seinerzeit nicht nur großes Aufsehen, die deutschen Untersuchungen bestätigten zudem die amerikanischen Ergebnisse. Inzwischen ist das Experiment Dutzende von Malen mit

Männern und Frauen, Erwachsenen und Kindern, quer durch unterschiedlichste Ethnien und in vielen Ländern weltweit wiederholt worden. Die Ergebnisse, die dabei gewonnen wurden, bestätigten die amerikanischen Resultate. Geschlechtsspezifische Unterschiede ließen sich kaum feststellen: Die Gehorsamsbereitschaft von Männern und Frauen war praktisch identisch. Der einzige Unterschied war, dass Frauen größere Angst an den Tag legten, als sie die Elektroschocks verabreichten.

Das alles zeigt nicht nur, dass blinder Gehorsam keine kulturspezifische Eigenschaft ist, also keine Eigenschaft, die nur in bestimmten Kulturen anzutreffen ist und in anderen nicht. Es illustriert auch und vor allem „die Macht der langsam hochgeschraubten Verpflichtungen", wie Levine es formuliert.[74] So bleibt zwar die Erfahrung gültig, dass wir es nicht mögen, wenn man uns sagt, was wir tun sollen – und meinen eben deswegen auch, wir seien resistent gegen Verführungen. Aber wenn die Verpflichtungen und Verführungen mit kleinen Schritten beginnen und die Forderungen langsam in die Höhe geschraubt werden – wer von uns kann angesichts der erschreckenden Ergebnisse des Milgram-Experiments allen Ernstes von sich behaupten, er sei absolut resistent gegen solche Anfechtungen?

Warum wir uns täuschen und manipulieren lassen: *Anthropologische und philosophische Erklärungsansätze*

Die anthropologische Grundsituation

Weltoffenheit und Instinktreduktion als Voraussetzungen unserer Manipulierbarkeit

In seinem Dialog *Protagoras* lässt Platon an einer zentralen Stelle den zu seiner Zeit berühmten Sophisten Protagoras – den Namensgeber der Schrift – einen Mythos erzählen, in dem über die Entstehung des Menschen berichtet wird. Dieser Mythos läuft auf das Fazit hinaus: Von Natur aus, das heißt rein biologisch gesehen, ist der Mensch – mit einem Begriff gesagt, den später Johann Gottfried Herder und Arnold Gehlen populär gemacht haben – ein „Mängelwesen"; er ist, so heißt es in Platons Dialog, „nackt, unbeschuht, unbedeckt, unbewaffnet".[75] Unter rein natürlichen Bedingungen – und das zu betonen ist für Protagoras entscheidend – wäre der Mensch auf Dauer nicht überlebensfähig. Aber er verfügt über Fähigkeiten und Fertigkeiten, die kein anderes Lebewesen besitzt, nämlich Sprache, Handwerkskunst, Wissenschaft, Moralvorstellungen, Religion und zivilisatorische Techniken. Diese allein dem Menschen vorbehaltenen Fähigkeiten sind Produkte der Kultur: Der Mensch hat sie nicht von Natur aus, sondern hat sie sich selbst geschaffen, ja notwendigerweise schaffen müssen, um als biologisch nur mangelhaft ausgestattetes Lebewesen überhaupt physisch überleben zu können.

Diese Sicht der anthropologischen Grundsituation des Menschen ist im 18. Jahrhundert von Johann Gottfried Herder aufgegriffen und weiter ausdifferenziert worden. Dabei geht Herder, ebenso wie der antike Sophist, vom Tier aus. Tiere, so legt Herder dar, sind hinsichtlich ihrer Organausstattung an je spezifische Umwelten optimal angepasst. Ihre Sinne und ihre körperliche Ausstattung passen zu jeweils vorgegebenen Umwelten. Aber hören wir Herder selbst: „Jedes Tier hat seinen Kreis, in den es von der Geburt an gehört, gleich eintritt, in dem es lebenslang bleibet und stirbt. Nun ist es aber sonderbar, dass je schärfer die Sinne der Tiere, je stärker und sicherer ihre Triebe und je wunderbarer ihre Kunstwerke sind, desto kleiner ist ihr Kreis, desto einartiger ist ihr Kunstwerk. Ich habe diesem Verhältnisse nachgespüret, und ich finde überall eine wunderbar beobachtete umgekehrte Proportion zwischen der minderen Extension ihrer Bewegungen, Elemente, Nahrung, Erhaltung, Paarung, Erziehung, Gesellschaft und ihren Trieben und Künsten. Die Biene in ihrem Korbe baut mit der Weisheit, die Egeria [eine altitalische Geburts- und Quellgöttin] ihrem Numa [Numa Pompilius, der zweite König Roms] nicht lehren konnte; aber außer diesen Zellen und außer ihrem Bestimmungsgeschäft in diesen Zellen ist sie auch nichts. Die Spinne webet mit der Kunst der Minerva; aber alle ihre Kunst ist auch in diesen engen Spinnraum verwebet; das ist ihre Welt! Wie wundersam ist das Insekt und wie enge der Kreis seiner Würkung!"[76] Beim Menschen hingegen sieht die Sachlage völlig anders aus. Er hat, mit Herder gesprochen, „keine so einförmige und enge Sphäre" wie das Tier: „seine Sinne und Organisation sind nicht auf eins geschärft: er hat Sinne für alles und natürlich also für jedes einzelne schwächere und stumpfere Sinne".[77] Mit anderen Worten: Dem Menschen mangelt es an Spezialisiertheit der Sinne und Organe. Außerdem fehlt ihm die den Tieren eigentümliche Instinktsicherheit. Der Mensch ist demnach im biologischen Sinn ein Mängelwesen, wie Herder, hierin mit der alten sophistischen Ansicht übereinstimmend, akzentuiert. Aber diese Mängel gleicht er aus – und auch diesbezüglich erweist sich Herder als gelehriger Schüler der antiken Vordenker –, indem er sich im Laufe seiner Entwicklungsgeschichte – und von einer solchen geht Herder wie selbstverständlich aus – mehrere kulturelle Monopole geschaffen hat, wie zum Beispiel Sprache, Erziehung, Künste, Wissenschaften oder Geschichte. Mit ihrer Hilfe emanzipiert er sich von seinen natürlichen Bedingungen, streift er ihre Fesseln ab, wird er, wie Herder einmal gesagt hat, zum „erste[n] Freigelassene[n] der Schöpfung".[78]

Für diese Umweltentbundenheit hat Max Scheler in seiner 1928 veröffentlichten, kleinen, gleichwohl aber immens einflussreichen Schrift *Die Stellung des Menschen im Kosmos* den Begriff „Weltoffenheit" geprägt.[79] „Weltoffenheit" versteht er dabei ganz im Sinne Herders als die Freiheit vom Druck des Organischen. Anders als das Tier, das an seine Umwelt gebunden, in sie eingefügt ist, sie nicht transzendieren kann, ist der Mensch – für Scheler kraft seines Geistes – in der Lage, Abstand zu den Dingen zu gewinnen. Das zeigt sich etwa darin, dass er das *Sosein* der Gegenstände zu erfassen vermag und nicht nur ihr bloßes *Dasein*. Er kann, anders gesagt, die Dinge, die ihn umgeben, zu einer *Sache* für sich machen. „Weltoffenheit" wird daher von Scheler auch als „Sachlichkeit" bestimmt.

Scheler verdeutlicht die so verstandene Sachlichkeit mit einer weiteren Gedankenlinie. Gehen wir, so schlägt er vor, vom Verhalten des Tieres aus: Wodurch wird es zu einer Aktion bewegt? Nun, die Antwort ist nicht schwer: Der Ursprung tierischen Verhaltens ist der physiologisch-psychische Zustand des Tieres, zum Beispiel verspürt es Hunger. Um diesen Hunger zu stillen, setzt das Tier durch seine Reaktion eine Veränderung der Umwelt in Gang, durch die es seinem Triebziel näher kommt, im konkreten Fall: Es jagt, tötet und frisst ein anderes Tier. Dadurch nun wird sein physiologisch-psychischer Zustand verändert. Entscheidend dabei ist immer: Das alles spielt sich in den sicheren Zäunen und Grenzen der Umwelt des betreffenden Tieres ab. Diesen Umweltbann abzuschütteln – dazu ist es nicht in der Lage.

Ganz anders stellt sich die Sachlage beim Menschen dar: Er kann sich bei seinem Handeln frei machen von den Zwängen, die ihm seine Umwelt und seine Triebe auferlegen; er kann „triebentbunden" handeln, das heißt, er kann sich von Vorstellungen – selbst von ganz abstrakten – und Vorstellungskomplexen und von Ideen motivieren lassen. Zudem ist er fähig, seine Triebimpulse zu unterdrücken oder aber zunächst unterdrückten Triebregungen zu einem späteren Zeitpunkt nachzugeben. Am Ende läuft das auf eine, wie Scheler sagt, „als selbstwertig und endgültig erlebte Veränderung der Gegenständlichkeit einer Sache" hinaus.[80] Weltoffenheit bedeutet demnach auch: Man kann einer Sache eine neue Deutung geben oder ihre eine neue Bedeutung zumessen. Immer aber gilt: Weltoffenheit ist gleichbedeutend mit der prinzipiellen Abschüttelung des Umweltbanns, ist eine eigenartige „Fernstellung", ist eine „Distanzierung der ‚Umwelt' zur ‚Welt,'" beziehungsweise zu einem Symbol der Welt, etwa in Kunst, Musik, Sprache, Mythen oder Religionen, also zu dem, was Ernst Cassirer „symbolische Formen" nannte. Menschwerdung gibt es demzufolge für Scheler von dem Zeitpunkt an, an dem sich der Mensch kraft seines Geistes zur Weltoffenheit erhebt. In diesem Sinne hält er fest: „Der Mensch ist das X, das sich in unbegrenztem Maße ‚weltoffen' verhalten kann."[81]

Der Philosophischen Anthropologie, die sich im weiteren Verlauf des 20. Jahrhunderts teils im Anschluss an Scheler, teils unabhängig von ihm, teils aber auch in Abgrenzung von ihm herausbildete, war mit der Weltoffenheit ein entscheidendes Konzept vorgegeben. Von einer anderen Seite als Scheler kommend, nahm Helmuth Plessner in seinem Werk *Die Stufen des Organischen und der Mensch*, das im gleichen Jahr wie Schelers Beitrag zur Anthropologie, aber nach diesem erschien, die Frage nach dem Menschen in Angriff. Im Zentrum seiner Erörterungen steht nicht der Begriff der „Weltoffenheit", sondern der der „exzentrischen Positionalität". Für Plessner ist sie dasjenige Strukturmerkmal, das den Menschen aus dem Kreis aller anderen Lebewesen heraushebt. Auch wenn der Begriff reichlich kompliziert daherkommt, der Sachverhalt, den er benennt, ist ein einfacher: Wie Herder und Scheler geht auch Plessner vom Tier aus, um das Eigentümliche des Menschen beleuchten zu können. Und auch er betont: Das Tier steht in einem Zusammenhang mit seinem Umfeld, es lebt in diesem Umfeld und geht darin auf. „Das Tier", schreibt Plessner, „lebt aus seiner Mitte heraus, in seine Mitte hinein."[82] Tiere haben, wie übrigens auch Pflanzen, eine fest geordnete Position in ihrer Umwelt: Das ist ihre „Positionalität". Aber – und das ist wichtig – das Tier lebt nicht als Mitte. Ihm begegnen in seinem Umfeld allerlei Inhalte – fremde wie auch eigene. Auch kann es seinen Körper kontrollieren, so dass es durchaus Erlebnisse hat. Aber nun kommt das Entscheidende: Es weiß nicht, dass es es ist, das diese Erlebnisse hat. Und das rührt nach Plessners Ansicht daher, dass es sich selbst nicht zum Gegenstand machen, sich nicht selbst von sich distanzieren kann. Es kann sich, mit anderen Worten, nicht auf sich selbst zurückbeziehen. Das aber besagt: Es ist nicht zur Reflexion fähig. Plessner formuliert – mit gutem Grund, wie wir heute wissen – diesen Sachverhalt sehr vorsichtig und gibt deutlich zu verstehen, dass es auch bei Tieren, zumindest bei höher entwickelten, Ansätze von Reflexion und Selbstbewusstsein gibt. Vollkommene Reflexionsfähigkeit und damit ein Bewusstsein seiner selbst aber bleibt nach Plessner einzig dem Menschen vorbehalten. Das zeigt sich etwa darin, dass er das Hier und Jetzt, in dem er lebt und sich bewegt, zum Gegenstand machen kann. Ihm ist bewusst, dass er in einem Zusammenhang mit seinem Umfeld steht. Während das Tier diesen Zusammenhang einfach lebt, weiß der Mensch darum, dass er in diesem Zusammenhang steht. Und das wird dadurch ermöglicht, dass er zu sich selbst Distanz hat; er kann sich selbst gewissermaßen von außen betrachten. Dem Menschen, schreibt Plessner, ist „die Zentralität seiner Existenz bewusst geworden".[83] Anders gesagt: Ihm ist bewusst geworden, dass er inmitten eines Umfelds lebt. Das Leben des Menschen, so heißt es in diesem Zusammenhang bei Plessner, „hat sich selbst, es weiß um sich, es ist sich selber bemerkbar und darin ist es *Ich*, der ‚hinter sich' liegende Fluchtpunkt seiner eigenen Innerlichkeit".[84]

Halten wir fest: Wie das Tier ist auch der Mensch „in die Mitte seiner Existenz" gestellt. Aber anders als das Tier weiß der Mensch um diese Tatsache; er erlebt diese Mitte. Und weil er sie erlebt, sie also zum Gegenstand machen, zu ihr Distanz gewinnen kann, ist er zugleich über die Mitte hinaus. Nichts anderes aber bedeutet das Fremdwort „exzentrisch": aus der Mitte, aus dem Zentrum heraus. „Exzentrische Positionalität" bedeutet demnach: Der Mensch ist die Mitte seiner Existenz – dies ist seine Positionalität –, und er ist zugleich darüber hinaus – dies ist seine exzentrische Positionalität. Pflanze, Tier und Mensch sind gleichermaßen positional strukturiert, aber nur der

Mensch besitzt exzentrische Positionalität. Allein er erlebt sein Erleben, allein ihm ist es möglich, so hat Plessner es einmal formuliert, sich selbst „in voller Rückwendung" zu erfassen, allein er fühlt sich, wird sich seiner selbst bewusst, allein er kann seinem Wollen, Denken, Treiben und Empfinden zusehen. Und dennoch bleibt er bei all dem an das Hier und Jetzt gebunden, ist er doch eben nicht nur exzentrische Positionalität, sondern, wie Pflanze und Tier auch, Positionalität.

Als ein Wesen exzentrischer Positionalität kann der Mensch Fragen stellen wie: Was soll ich tun? Wie soll ich leben? Wie komme ich mit meiner Existenz klar? Denn solche Fragen setzen voraus, dass man sich selbst zum Gegenstand machen, dass man Distanz zu sich selbst gewinnen kann. Und dank seiner so verstandenen Exzentrik ist der Mensch in der Lage, die ihm vorliegende Realität zu transzendieren, sie zu überschreiten. Wie die geschichtliche Erfahrung zeigt, sind die Menschen nie bei dem bislang Erreichten stehen geblieben; jedes Erreichte versuchten sie stets wieder zu überschreiten. In solchem Überschreiten nun, meint Plessner, erfährt der Mensch seine eigene Nichtigkeit und damit die Nichtigkeit der Welt: eigenes Dasein und Welt sind nicht nur das, was sie jetzt sind oder bislang waren; sie sind nichtig in dem Sinne, dass es eine Vielzahl weiterer und anderer Möglichkeiten gibt, die bisher noch nicht realisiert werden konnten. So sind wir Menschen einerseits an das Hier und Jetzt gebunden, andererseits aber gehen wir aufgrund unserer exzentrischen Positionalität darin nicht auf. Daher, so heißt es bei Plessner, steht der Mensch da, „wo er steht, und zugleich nicht da, wo er steht".[85] Auf diese Weise steht er im Nirgendwo, hat er einen utopischen Standort, steht er, obgleich an das Hier und Jetzt gebunden, zugleich im Ortlosen.

Man ahnt es schon – und genauso ist es: An dieser existentiellen Ortlosigkeit können geschickte Verführer ansetzen und den nirgendwo endgültig fixierten Menschen – mit welchen Glücks- oder Heilsversprechen auch immer – an sich zu binden versuchen. Insbesondere Religionen, Sekten und ähnliche Gruppierungen, aber auch politische Parteien, können von dieser Ortlosigkeit profitieren. Und so weist Plessner auch ausdrücklich darauf hin, dass es diese Erfahrung der eigenen Nichtigkeit und Ortlosigkeit gewesen sei, welche die Menschen zur Idee eines Weltgrundes, eines Absoluten, eines Gottes geführt habe. Vornehmlich die Religion, erklärt Plessner weiter, verspreche dem Menschen, ihm all das zu geben, was ihm Denken, Verstand und Geist nicht bieten können: „letzte Bindung und Einordnung, den Ort seines Lebens und seines Todes, Geborgenheit, Versöhnung mit dem Schicksal, Deutung der Wirklichkeit" – und nicht zuletzt: „Heimat".[86] So ist es im Kontext der Plessner'schen Anthropologie unsere exzentrische Positionalität, die uns zu verführbaren Wesen macht. Aber da eben diese exzentrische Positionalität *das* zentrale Strukturmerkmal menschlichen Daseins ist, drängt sich unweigerlich die Schlussfolgerung auf, dass wir Menschen Wesen sind, die *konstitutionell* offen für Verführung sind.

Zu dieser Schlussfolgerung gelangte auch der Philosoph und Soziologe Arnold Gehlen, als er sich intensiv mit der Frage beschäftigte: Was ist das eigentlich für ein Wesen, der Mensch? Eine Antwort mit enormer Reichweite gab ihm hierauf Nietzsche, der im Aphorismus 62 seiner Schrift *Jenseits von Gut und Böse* vom Menschen sagte, er sei das „noch nicht festgestellte Tier".[87] Und in der Tat, meinte Gehlen – und arbeitete diesen Gedanken in seiner Schrift *Der Mensch. Seine Natur und seine Stellung in der Welt*, die 1940 erschien, in umfassender Weise aus[88] –, ist der Mensch in dem Sinne nicht festgestellt, als er sich selbst noch Aufgabe ist. Biologisch ein Mängelwesen – von nun an hat dieser Begriff Hochkonjunktur –, das „innerhalb natürlicher, urwüchsiger Bedingungen" „als bodenlebend inmitten der gewandtesten Fluchttiere und der gefährlichsten Raubtiere" schon längst ausgerottet sein würde, gehört das „Unfertigsein" zur Natur des Menschen, gehört es zu seinen physischen Bedingungen. Infolgedessen ist er das gefährdete, das „riskierte" Wesen, „mit einer konstitutionellen Chance, zu verunglücken".[89] Folglich muss er sich zu etwas machen, ist er ein auf Handlung gestelltes Wesen. In dieser Hinsicht ist der Mensch Gehlen zufolge ein Wesen der *Zucht*. „Selbstzucht", so Gehlen dann wörtlich weiter, „Erziehung, Züchtung als In-Form-Kommen und In-Form-

Bleiben gehört zu den Existenzbedingungen eines nicht festgestellten Wesens".[90] Aufs Ganze gesehen ist der Mensch erst dann lebensfähig, wenn es ihm, ganz gleich wo auf der Erde, gelingt, sich eine zweite Natur zu schaffen, in der er dann statt in der Natur existiert. Diese zweite Natur ist die Kultur.

Wenn nun Nietzsche vom Menschen sagt, er sei ein noch nicht festgestelltes Tier, dann bedeutet das bei ihm auch: Der Mensch ist ein zum Chaotischen, zur Ausartung bereites Tier. In den antiken – zum Beispiel den griechischen – Schöpfungsmythen, aber auch in den biblischen Schöpfungsgeschichten ist immer wieder die Rede davon, die Götter hätten dem ursprünglichen Chaos eine Weltordnung abgerungen – wobei der Akzent auf „Ordnung" liegt. Offensichtlich wussten die alten Mythenschöpfer nur zu gut, welches Ausmaß an Chaos der Mensch in sich birgt. In seinem zwanzig Jahre nach seinem anthropologischen Grundlagenwerk *Der Mensch* publizierten Buch *Anthropologische Forschung*[91] weist Gehlen darauf hin, allein vor diesem Hintergrund werde verständlich, warum Menschen seit unvordenklichen Zeiten eine geradezu unglaubliche Erfindungskraft aufgewendet haben, um – zum Teil unter schwersten Bedingungen – Institutionen und moralische Regeln aufzubauen und zu bewahren, „die als Basis eines Schonverständigtseins und als Garantie gegenseitiger Sicherheit und nicht mehr in Frage zu stellender Ordnung dienen können".

Die Bereitschaft zur Ausartung, zum Chaos, so meint Gehlen, rühre letzten Endes daher, dass der Mensch ein „instinktreduziertes", ja geradezu „instinktverlassenes" Wesen ist. Auch wenn Letzteres aus heutiger Sicht etwas übertrieben formuliert sein mag, so ändert das doch nichts an Gehlens Schlussfolgerung, dass der Mensch als ein Wesen, das in seinem Instinktbereich verarmt und verunsichert, das, mit Scheler gesprochen, „weltoffen" ist, durch äußere Einflüsse in seinem Verhalten nachhaltig manipulierbar ist. Sagen wir es mit anderen Worten und direkt: Weil der Mensch in diesem Sinne weltoffen ist, wird die Verführbarkeit zu einem seiner Hauptmerkmale.

Um nun solcher Verführbarkeit nicht gänzlich schutzlos ausgeliefert zu sein, um ihr etwas entgegensetzen, ja ihr gegensteuern zu können, bedarf der Mensch, wie Gehlen sagt, bestimmter „Direktiven und Stabilisationskerne". Solche Direktiven und Stabilisationskerne liegen mit der Moral und den gesellschaftlichen Institutionen vor, das heißt mit Gesetzen, Verhaltensregeln, wirtschaftlichen, politischen, sozialen und religiösen Ordnungen. Während die Moral Direktiven für die „Innenseite" gibt, fungieren Institutionen wie die genannten als „Außenstützen". Ihr Sinn, so legt Gehlen dar, besteht darin, Verhaltenssicherheit zu garantieren. Das heißt: In dem Maße, in dem Moral und Institutionen abgebaut oder gar zerschlagen werden, wird die ganze „elementare Unsicherheit", wird die „Ausartungsbereitschaft" und das Chaos im Menschen aktiviert. Wird der Mensch nicht von der Moral im Innenbereich geleitet und von Institutionen von außen gestützt, ist er offen für Verführungen jedweder Art.

Exemplarisch und beunruhigend deutlich lässt sich das an den Verfallserscheinungen von Naturvölkern studieren, „wenn die europäische Zivilisation mit Geld, Schnaps und Schule eindrang"[92] und die überlieferten Normen und Institutionen zerstörte. Von dem Moment an verloren die Individuen jeglichen Halt – sowohl den inneren als auch den äußeren –, ließen sich verführen und tendierten am Ende zu chaotischem, zerstörerischem, nicht zuletzt auch selbstzerstörerischem Verhalten. Eindringlich veranschaulicht hat diesen Sachverhalt beispielsweise Claude Lévi-Strauss in seinem 1955 publizierten Werk *Traurige Tropen*.

Die Tradierung von Weltbildern und Irrtümern durch die Sprache

Es ist, wie wir soeben gesehen haben, eine alte anthropologische und kulturphilosophische Einsicht, dass der Mensch die Bühne der Welt als ein unfertiges Wesen betritt, das sich erst zu dem machen muss, was es ist. Das aber, so lautet die weitergehende kulturtheoretische Auskunft, kann der Einzelne nicht aus sich selbst heraus, sondern nur mit Hilfe von Kulturleistungen wie Erziehung, Bildung, Vergesellschaftung, Sprache, Geschichte und Tradition.

Wiederum ist es Herder gewesen, der nachdrücklich darauf aufmerksam gemacht hat, dass all diese kulturellen Leistungen letztlich sprachlich verfasst sind. Der Mensch macht sich also zu dem, was er ist, ganz wesentlich mittels der Sprache. Diese Sprache übernehmen im Laufe der Generationenabfolge die heranwachsenden Kinder in erster Linie von ihren Eltern. Später kommen dann weitere Einflüsse hinzu: Schule, Vereine, religiöse Gemeinschaften, Berufsgruppen, Cliquen sowie weitere informelle Bezugsgruppen. Diese späteren Einflüsse interessierten Herder jedoch weniger; er konzentrierte sich primär auf die von den Eltern an die Kinder weitergegebene Sprache. Dabei fiel ihm auf, dass Sprache immer schon bestimmte Ideen und Traditionen transportiert. In diesen Ideen und Traditionen nun drückt sich eine ganz bestimmte Weltsicht aus. Demnach enthält jede Sprache immer schon ein bestimmtes Weltbild. Die Konsequenz, die sich daraus für die Weitergabe der Sprache durch die Eltern an ihre Kinder ergibt, ist offensichtlich: Der heranwachsende Mensch eignet sich im Zuge des Spracherwerbs zugleich eine Weltsicht an, eine Art Interpretationsrahmen, innerhalb dessen er seine Erfahrungen macht, verarbeitet und festhält. Man kann diesen Sachverhalt auch so formulieren: Die mit der Sprache gegebene Aneignung von Weltbildern führt dazu, dass wir die Welt in einer ganz bestimmten Art und Weise wahrnehmen, deuten und uns in ihr bewegen.

Was für den einzelnen Menschen gilt, hat für Herder auch Geltung für ganze Nationen. Gemäß dem von ihm in seiner *Abhandlung über den Ursprung der Sprache* aufgestellten Gesetz der Individualisierung der Sprache ist die Herausbildung von Nationen ein notwendiges Gesetz der menschlichen Entwicklung.[93] Die ursprünglich eine Menschheit, führt Herder aus, individualisierte sich in die Vielheit der Nationen. In der Folge bildeten sich verschiedene Nationalsprachen heraus. Da nun, wie Herder uns zu bedenken gibt, mit der Sprache Weltsichten verbunden sind, kommt – ebenso wie in jeder individuellen Sprache – auch in jeder Nationalsprache eine der jeweiligen Nation

Die Tradierung von Weltbildern und Irrtümern durch die Sprache   117

eigentümliche Weltsicht zum Ausdruck. Daher kommt es, so Herder, dass man im Blick auf Nationen von einem Nationalcharakter sprechen kann.

Herder sagt dies alles wertfrei und frei von jeglichem Nationalismus. Doch die spätere geschichtliche Entwicklung zeigt in erschreckender Weise, wie unreflektiert ganze Epochen der Verführung durch Weltbilder und Weltdeutungen, die sich angeblich aus ihrer nationalen Eigentümlichkeit ableiteten, erlagen, wenn sie im Licht des je eigenen Weltbilds andere Nationen beurteilten und bewerteten, ohne sich klar zu machen, dass sie selbst Gefangene ihres eigenen Weltbilds waren.

Herder konnte diese Entwicklungen selbstverständlich nicht vorausahnen. Zudem kommt es ihm im Kontext seiner These, in jeder Sprache drücke sich eine eigentümliche Weltsicht aus, auf einen anderen, eminent wichtigen Aspekt an. Da man sich, wie er betonte, mit einer Sprache immer auch bestimmte Ideen aneignet, bringt eben dieser Umstand die Möglichkeit von Irrtümern mit sich.[94] Gerade durch die Sprache also können wir dazu verleitet werden, uns Irrtümer nicht nur zu Eigen zu machen, sondern sie überdies zu befestigen. Demnach wäre es die Sprache selbst, die uns dazu verführt, die Dinge auf eine falsche Weise zu sehen, die uns den unvoreingenommenen Blick auf Wirklichkeit und Wahrheit verstellt.

Über Herder hinaus nimmt der Gedanke von der Sprache als Weltansicht vor allem in der Sprachphilosophie Wilhelm von Humboldts eine zentrale Stellung ein. Insbesondere in seiner letzten, in den Jahren 1830 bis 1835 entstandenen Schrift *Über die Verschiedenheit des menschlichen Sprachbaues und ihren Einfluß auf die geistige Entwicklung des Menschengeschlechts* arbeitet Humboldt heraus – und damit bewegt er sich gedanklich zunächst in der Nähe Herders –, die Sprache sei eine eigene Weltansicht in einem zweifachen Sinn: Erstens sei sie eine Weltansicht aufgrund des individuellen Standpunkts eines jeden Menschen, denn jeder Mensch spreche eine eigene Sprache. Und zweitens sei sie eine Weltansicht wegen des jeder Nation eigentümlichen Sprachlauts, also aufgrund der nationalen Subjektivität. Genau wie jeder einzelne Mensch spreche auch jede einzelne Nation ihre eigene Sprache.

Humboldt zieht hieraus zwei bedeutsame Konsequenzen. Erstens: Streng genommen gibt es – wenn denn jedes Individuum seine eigene Sprache spricht – selbst innerhalb einer Nation nicht einmal zwei identische Sprachen. Zweitens: Auch wenn jeder Einzelne die Sprache von der Tradition übereignet bekommt und in eine jeweilige Nationalsprache eingebunden ist, so ist er gleichwohl der Macht der überlieferten Sprache nicht hilflos ausgeliefert, denn jeder Einzelne kann ebenso wie jede Generation auf die Sprache einwirken und sie verändern. So gesehen besitzt der Einzelne durchaus auch Macht über die Sprache.

Allerdings bleibt ein Problem, auf das Humboldt ausdrücklich aufmerksam macht. Denn wenn es um die Individualität der Sprache so steht, wie er behauptet, dann stellt sich mit Nachdruck die Frage nach der Möglichkeit intersubjektiver Verständigung. Wenn nämlich alles Sprechen perspektivisch gebrochen, weil an den je individuellen Standpunkt gebunden ist, kann es dann zwischen zwei Individuen überhaupt ein vollständiges Verstehen, eine vollkommene Übereinstimmung geben? Humboldt beantwortet diese Frage mit Nein: „Alles Verstehen", schreibt er, „ist [...] immer zugleich ein Nichtverstehen."[95] Denn bei jeder Verständigung innerhalb einer Nationalsprache wird die individuelle Perspektive eingebracht – von mir ebenso wie von dem anderen, mit dem ich mich zu verständigen versuche. (Das Gleiche gilt laut Humboldt übrigens auch im übernationalen Rahmen: Beim Erlernen einer Fremdsprache wird immer die nationale Perspektive eingebracht.) Für Humboldt indessen ist das aufgeworfene Problem durchaus lösbar. Er verweist in diesem Zusammenhang auf die Einheit der menschlichen Natur, die jede Individualität übersteigt. Diese Einheit ermöglicht zwar kein vollständiges Verstehen, sie schließt aber vollständiges Nichtverstehen aus. Dennoch impliziert auch und gerade Humboldts Sprachphilosophie, dass das Instrument „Sprache" benutzt werden kann, um im gesellschaftlichen Verkehr anderen die je eigene Perspektive nahezubringen, sie ihnen anzuempfehlen, ja gar aufzuzwingen – und sie damit dahingehend zu beeinflussen, die Dinge im Licht der gewünschten Weltsicht wahrzunehmen, zu deuten und zu beurteilen.

Diese von Herder aufgeworfene und von Humboldt weitergedachte Problematik, dass der Sprache aufgrund der von ihr transportierten Weltbilder und Irrtümer selbst ein Verführungspotenzial eignet, begegnet uns in verschärfter Form bei Nietzsche wieder. Eine der Kernthesen des späten Nietzsche besagt: Alles Leben ist Wille zur Macht.[96] Und damit meint er: Allem Lebendigen wohnt der Drang inne, immer über das bislang Erreichte hinauszugelangen. Dem Lebendigen, gibt Nietzsche zu bedenken, eignet der fundamentale Grundzug, nie bei einem einmal festgestellten Kraft- und Machtverhältnis stehen zu bleiben. In einem ständigen Prozess des Aufbauens und Zerstörens von Strukturen und Ordnungsgefügen werden die Kraft-, Macht- und Herrschaftsverhältnisse stets neu arrangiert und stets aufs Neue wieder zerstört. Über all das, was das Leben geschaffen hat, will es im nächsten Augenblick schon wieder hinaus. In nie endendem Fortgang will es übermächtigen und überwinden.

Nietzsche nun sieht einen so verstandenen Willen zur Macht nicht allein im Bereich des Lebendigen, des Organisch-Natürlichen am Werk. Er glaubt, den Willen zur Macht in ausnahmslos allen Sphären der uns umgebenden Welt als die allein tätige Grundkraft aufspüren zu können. So kommt es, dass er den Willen zur Macht auch im Anorganischen, ja sogar in der „kosmischen Ordnung", wie er sich ausdrückt, am Werk sieht. Darüber hinaus ist der Wille zur Macht auch in den Bereichen „Gesellschaft, Staat, Sitte, Autorität" die treibende Kraft.[97] Auch hier, so meint er, gehe es in erster Linie darum, Macht zu gewinnen, Herr zu werden über andere und anderes, anderen seinen Willen aufzuzwingen. So gewinnt die Lehre vom Willen zur Macht bei Nietzsche letztlich auch eine gesellschaftlich-politische Dimension.

Mit all dem wird deutlich: In Lebendigem, in der organischen und anorganischen Natur, in den Körpern der Lebewesen, in allen menschlichen Lebensäußerungen und Verhaltensweisen – seien sie biologischer, triebhafter, psychischer, intellektueller oder künstlerischer Art –, in allen von Menschen hervorgebrachten Schöpfungen und Institutionen, ja selbst im Universum zeigt sich der Wille zur Macht als die allein wirkende Kraft.[98] Deshalb notiert Nietzsche: „Die Welt von innen gesehen", „das innerste Wesen des Seins" ist Wille zur Macht.[99]

Daraus zieht er die für sein Denken insgesamt entscheidende Konsequenz: In einer vom Willen zur Macht gesteuerten Welt gibt es letztlich nichts Festes und Beständiges. Alles ist immer im Fluss, ist immer im Werden. Das Werden ist der Grundzug, ist das fundamentale Charakteristikum all dessen, was ist.

Eine solche Sichtweise, eine solche Weltdeutung kann nicht ohne Folgen für das Nachdenken über das Wesen und Funktionieren der Sprache bleiben. Nietzsche fasst seine diesbezügliche Ansicht mit der Aussage zusammen: „Die Ausdrucksmittel der Sprache sind unbrauchbar, um das Werden auszudrücken: es gehört zu unserem unablöslichen Bedürfniß der Erhaltung, beständig die eine gröbere Welt von Bleibend[em], von ‚Dingen' usw. zu setzen."[100] Nietzsche formuliert hier also als These: Damit wir uns überhaupt im Werden erhalten können, bedarf es einer „Welt von Bleibendem". Und ein solches Bleibendes und Beständiges wird uns durch die Sprache gegeben. In der Sprache nämlich wird Beständiges und Festes ausgedrückt. Damit aber steht man nun aus Nietzsches Sicht vor folgendem Problem: Wenn es in der Welt nur Werden gibt, Sprache aber nur Festes, Bleibendes, Beständiges ausdrückt, dann verstellt uns gerade die Sprache den Blick auf das, was die Welt in Wahrheit ist! Dann ist die Sprache nicht mehr Ausdruck von etwas Wahrem, sondern nur noch Ausdruck von Trugbildern. Mit der Sprache erfassen wir gerade nicht die Wirklichkeit – etwas anderes anzunehmen ist in Nietzsches Augen ein naives Vorurteil.

Bei all dem ist ihm klar, dass unser Denken in seinem Vollzug auf die Sprache angewiesen ist. Aber gerade durch die Sprache wird das Denken in eine bestimmte Richtung gelenkt. Das hat für Nietzsche vor allem damit zu tun, dass unser Denken einem gewissen Grundschema folgt, das ihm von der Struktur der indoeuropäischen Sprachen vorgegeben ist: dem Schema von Subjekt und Prädikat, von Täter und Tun.

Gemäß diesem Schema nämlich bilden nur Subjekt und Prädikat zusammen eine sinnvolle Aussage. Und eben das verführt uns dazu, zu jedem Geschehen eine Ursache, ein Wirkendes, einen Täter hinzuzudenken. Nietzsche erläutert das am Beispiel des Blitzens. Das Blitzen ist ein reines Geschehen, also ein Werden. Die Struktur unserer Sprache aber verlangt von uns, dieses reine Geschehen mit der Wendung „Der Blitz leuchtet" auszudrücken. Damit aber verdoppelt man, wie Nietzsche kritisiert, das Geschehen, denn man setzt es zum einen als Tätigkeit (also als Prädikat), zum anderen als Ursache oder Täter (also als Subjekt). Das Blitzen ist für uns nur ausdrückbar, indem wir ein Geschehen, ein Ereignis, eine Veränderung – das Blitzen – als Wirkung oder Tätigkeit einer dahinterstehenden Ursache beziehungsweise eines Täters interpretieren. So gehört es zur Natur des Denkens, zu allem Geschehen eine Ursache, zu allem Tun einen Täter „hinzuzuerfinden". Das verführt uns in allen Bereichen dazu, ein Ereignis als Wirkung einer Ursache, ein Geschehen als bewirkt durch einen Akteur zu deuten. Und indem wir in einem weiteren Schritt die Ursache – den Täter – als eine Art Substanz, als ein Festes, Beharrendes, Zugrundeliegendes ansetzen, stellen wir gewissermaßen das Werden fest, halten es an, lassen es zu etwas Dauerhaftem gerinnen.

Auf diese Weise verführt uns die Sprache dazu, dem Werden den Stempel der Beständigkeit aufzudrücken und überall um uns herum Dinge, Gegenstände, feste Formen, beständige Strukturen, Substanzen zu erblicken. Genau damit verstellt sie uns den Blick darauf, wie es sich laut Nietzsche in Wahrheit in der Welt verhält. Das, was die Sprache uns über die Welt erschließt, ist nichts weiter als eine Illusion. Die „Wahrheiten" über die Welt, die uns die Sprache scheinbar eröffnet, sind damit, wie Nietzsche in der frühen, nachgelassenen Schrift *Ueber Wahrheit und Lüge im außermoralischen Sinne* einmal geschrieben hat, „Illusionen, von denen man vergessen hat, dass sie welche sind".[101] Wir müssen jedoch mit diesen Illusionen leben, denn aus der Sprache heraustreten – das ist uns nicht möglich. „Wir hören auf zu denken", heißt es bei Nietzsche, „wenn wir es nicht in dem sprachlichen Zwange thun wollen, wir langen gerade noch bei dem Zweifel an, hier eine

Grenze als Grenze zu sehn."[102] Unser Denken steht geradezu unter sprachlichem Zwang: Die Sprache gibt ihm Formen, Strukturen und Schemata vor, zwängt es in einen vorgegebenen Rahmen und begrenzt es eben damit. Was bleibt angesichts einer solchen Sachlage zu tun? Nach Nietzsche nicht viel. Das Äußerste, zu dem unser Denken in dieser Hinsicht noch vorzudringen vermag, ist seiner Überzeugung nach die Einsicht, *dass* es hier an eine Grenze stößt.

Die Perspektivität und theoretische Vorprägung unserer Vorstellungen und Erkenntnisse

„Point de vue" – Perspektivität der Vorstellung: Gottfried Wilhelm Leibniz

Die Perspektivität unseres Weltverhältnisses und Weltverständnisses wurde in der Neuzeit zum ersten Mal ausdrücklich von Gottfried Wilhelm Leibniz (1646–1716) thematisiert. Als die „wahren Atome der Natur", als die „Elemente der Dinge" bestimmt er einfache Substanzen, die er als „Monaden" bezeichnet.[103] Diese Monaden bilden die letzte, die wahre Wirklichkeit. Bei ihnen handelt es sich um immaterielle, unsichtbare, geistige Krafteinheiten, die der Körperwelt, der sichtbaren, materiellen Welt zugrunde liegen.

Von zentraler Bedeutung für unseren Zusammenhang ist dabei der Umstand, dass für Leibniz jede Monade von jeder anderen verschieden ist. Eine Monade ist, mit einem Wort gesagt, ein Individuum, ein Unteilbares – wie die Wortfügung „Individuum" zu übersetzen ist –, ein Unverwechselbares, etwas, das es nur einmal im Universum gibt. Es gibt also keine zwei absolut identischen Monaden. Eine philosophische Begründung des Individuums finden wir demnach erst bei Leibniz. Und zwar gründet unsere Individualität nicht in unserer Körperlichkeit, sondern – da es sich bei der Monade ja um ein geistiges Kraftzentrum handelt – in unserer geistigen Struktur.

Diese Individualität ist nicht als statisch zu begreifen, sondern als dynamisch. Das heißt: Da die Monade etwas Immateriell-Geistiges ist, besitzt sie keine räumlichen Teile. Folglich, so Leibniz, kann von außen nichts auf sie einwirken. Sie ist in sich geschlossen. Monaden besitzen, wie Leibniz mit einer berühmt gewordenen Wendung sagt, keine Fenster, durch die etwas in sie herein- oder aus ihnen heraustreten kann.[104] Gleichwohl unterliegt die Monade der Veränderung. Das folgt für ihn daraus, dass sie ihrem Wesen nach Kraft, also Dynamik, Aktivität ist. Die Monade verändert sich, das heißt, es gibt in ihr aufgrund ihrer inneren Dynamik eine Vielheit in der Einheit. Dieser Gedanke ist nicht leicht zu verstehen, bedeutet er doch, dass es in einer Monade eine Vielzahl von Beschaffenheiten und Beziehungen gibt, obwohl sie nicht aus Teilen besteht.

Diesen Zustand der Vielheit in der Einheit bezeichnet Leibniz als „Perzeption". Die Monade hat also Vorstellungen, könnte man sagen. Sie ist in sich strukturiert und steht in Beziehung zu der sie umgebenden Welt. Sie stellt das dar, sie stellt das vor, sie repräsentiert das, was in der Welt und im Universum geschieht. So gesehen ist sie ein Spiegel des Universums. Da es sich nun bei den Monaden um durch ihre geistige Aktivität definierte Individuen handelt, stellt jede einzelne Monade die Welt auf ihre je eigene Weise vor. Jede spiegelt das Universum aus ihrem individuellen „Gesichtspunkt", ihrem „point de vue", wie es bei Leibniz heißt.[105] Demzufolge gibt es genauso viele Gesichtspunkte, genauso viele individuelle Perspektiven, Welt und Kosmos vorzustellen, wie es Monaden gibt. Und jede perzipiert das Universum aus ihrer eigentümlichen, individuellen Perspektive. Gemäß der Leibniz'schen Monadologie gibt es folglich keine einheitliche Weltrepräsentation, ja kann es eine solche gar nicht geben, sondern nur perspektivische Spiegelungen, perspektivische Repräsentationen von Welt und Kosmos.

Ohne Zweifel bietet Leibniz' Monadenlehre eine Reihe von Ansatzpunkten für kritische Nachfragen. Man mag sie – wie Hegel – als „metaphysischen Roman" abtun oder sie – wie Bertrand Russell – für „eine Art von fantastischem Feenmärchen" halten, das in sich vielleicht kohärent, aber völlig willkürlich ist.[106] Eines wird man ihr jedoch nicht absprechen können: dass mit ihr der Gedanke das Licht der Welt erblickt, Wahrnehmung, Vorstellung und Erkenntnis der

Welt erfolge immer aus einem individuellen Blickwinkel, hänge in jedem einzelnen Fall von einem „point de vue" ab, sei stets perspektivisch gebrochen – ein Gedanke, der von der Wahrnehmungspsychologie, der Sinnesphysiologie und der Neurobiologie, wie wir bereits feststellen konnten, bestätigt worden ist.

Perspektivische Weltdeutung: Friedrich Nietzsche

Über Leibniz hinaus ist die perspektivische Gebrochenheit unserer Erkenntnisse insbesondere von Friedrich Nietzsche betont worden. Neben den Themen „Wille zur Macht", „Übermensch", „ewige Wiederkehr des Gleichen", „Moral- und Religionskritik" sowie „Nihilismus", mit denen sein Name gewöhnlich assoziiert wird, stellen seine Überlegungen bezüglich des perspektivischen Charakters unseres Erkennens und unserer Weltauffassung sicherlich einen der interessantesten Aspekte seines Werks dar.

Bereits bei Schopenhauer ist der Gedanke angelegt, dass – modern gesprochen – unsere Erkenntnisstrukturen biologisch bedingt sind, kommt ihnen doch laut Schopenhauer vor allem die Funktion zu, die Erhaltung höherer Lebewesen – dazu gehört natürlich auch der Mensch – sicherzustellen. Demnach begründet Schopenhauer die Entwicklung der Erkenntnisstrukturen, über die wir verfügen, mit ihrer Lebensnotwendigkeit: Hätten wir nicht, so der Tenor der Schopenhauer'schen Ausführungen, im Laufe unserer gattungsgeschichtlichen Entwicklung diejenigen kognitiven Strukturen entwickelt, über die wir heute verfügen, so hätten wir als Gattung wohl nicht überlebt.

Diesen Ansatz hat Nietzsche aufgegriffen und weitergeführt. In einer späten Nachlassaufzeichnung heißt es: „Der sogenannte Erkenntnißtrieb ist zurückzuführen auf einen Aneignungs- und Überwältigungstrieb: diesem Triebe folgend haben sich die Sinne, das Gedächtniß, die Instinkte usw. entwickelt."[107] Um den Sinn und die

Bedeutung dieser Äußerung nachvollziehen zu können, sollte man sich noch einmal den Gedanken vergegenwärtigen, dass Nietzsche als den Grundzug allen Lebens einen Willen zur Macht begreift. Wie bereits erwähnt, beschreibt er diesen Willen als die treibende Kraft eines Prozesses, in welchem das eine ein anderes zu überwältigen und ihm seinen Willen aufzuzwingen versucht, um auf diese Weise stärker zu werden, mehr Macht anzusammeln. Wille zur Macht ist mithin wesentlich Wille zur Übermächtigung.

Auch das menschliche Erkenntnisstreben steht für Nietzsche im Dienst eines so verstandenen Willens zur Macht. In der oben zitierten Nachlassnotiz gibt er zu bedenken, im Gefolge des Übermächtigungstriebs hätten sich als dessen Werkzeuge die Sinne, das Gedächtnis usw. entwickelt. Damit aber ist nichts weniger gesagt, als dass es sich bei unseren Wahrnehmungsorganen, dem Gedächtnis und – wie wir noch sehen werden – selbst höheren Verstandesfertigkeiten um alles andere als autonom operierende, von jeglicher Beeinflussung unabhängige Fähigkeiten handelt. Sie alle vielmehr stehen im Dienst des Willens zur Macht, sie alle dienen dem vorrangigen Ziel, dem jeweiligen Organismus zu einem Höchstmaß an Kraft und Macht zu verhelfen.

Die Selbsterhaltung dieses Organismus ist dabei gleichsam nur das Minimalziel. In diesem Sinne notiert Nietzsche: „Sein [des Menschen] Mittel, sich zu *ernähren* und die Dinge sich anzueignen, ist, sie in ‚Formen' und Rhythmen zu bringen: das Begreifen zuerst nur Schaffen der ‚Dinge'. Erkenntniß ein Mittel der Ernährung."[108]

Als Fähigkeit, die im Dienst des Lebens, im Dienst des Willens zur Macht steht, schreckt die Erkenntnis selbst vor Täuschung und Irrtum nicht zurück. Einer Erkenntnis nämlich, der es primär darauf ankommt, dem betreffenden Organismus zu mehr Macht zu verhelfen, ihn stärker werden zu lassen, ist weniger an Wahrheit gelegen, sondern vielmehr an perspektivischen Schätzungen. Dafür nimmt sie auch Trug, Irrtum, Schein und Fiktionen in Kauf. Der Aphorismus 34 des zweiten Hauptstücks von *Jenseits von Gut und Böse* gibt deutlich zu verstehen, dass Leben, das heißt vom Willen zur Macht gesteuertes

Werden, und Schein untrennbar zusammengehören. „Man gestehe sich doch soviel ein", hält Nietzsche fest, „es bestünde gar kein Leben, wenn nicht auf dem Grunde perspektivischer Schätzungen und Scheinbarkeiten."[109] Analog dazu kann man in einem Fragment vom Frühjahr 1888 lesen: „die ‚Scheinbarkeit' gehört selbst zur Realität: sie ist eine Form ihres Seins d. h. in einer Welt, wo es kein Sein gibt, muß durch den Schein erst eine gewisse berechenbare Welt identischer Fälle geschaffen werden".[110]

Auch solches Schaffen identischer Fälle deutet Nietzsche als Resultat des Triebs nach Erkenntnis. Ohne dass wir Menschen uns eine berechenbare Welt identischer Fälle schaffen, so ist Nietzsche überzeugt, wäre es uns unmöglich, uns in einer Welt des Werdens einzurichten. In einer Welt, die von unaufhörlichem Werden durchflutet ist, in der, mit anderen Worten, alles entsteht, um eine kurze Spanne zu dauern – zu ‚sein' –, um dann wieder zu vergehen, muss die Weltbewältigung ständig von Neuem geleistet werden. Die Vielfalt an Sinneseindrücken – Nietzsche spricht von einem „Sensationen-Chaos" – bietet dem Menschen den Anblick einer chaotischen und strukturlosen Welt. Daher sahen und sehen wir uns aus seiner Sicht genötigt, mit Hilfe der Erkenntnisstrukturen, über die wir verfügen, identische Fälle, gleich ablaufende Prozesse, eine stabile, geordnete, strukturierte, mittels Gesetzen beschreibbare Welt – sagen wir es geradeheraus – zu erdichten. So gesehen aber ist Erkenntnis, wie Nietzsche festhält, „ihrem Wesen nach" nichts anderes als „etwas Setzendes, Erdichtendes, Fälschendes".[111] Auch wenn das für uns die fatale Konsequenz mit sich bringen könnte, am Ende von aller Wahrheit verbannt zu sein, so kommen wir nach Nietzsches Einschätzung der Sachlage doch nicht umhin, uns eine berechenbare Welt identischer Fälle zu erdichten. Denn nur dann sind wir in der Lage, wie er wiederholt betont, uns in einer als Werden gedeuteten, als Prozess begriffenen Realität einzurichten und unser Überleben zu sichern.

Menschliche Erkenntnis ist ein Werkzeug des Willens zur Macht. Eine solche Sicht der Dinge bringt gewisse folgenschwere Konsequenzen mit sich. Zunächst einmal die folgende: Sofern Erkenntnis eine

Form des Willens zur Macht darstellt, muß sie mit jedem Überwältigungsvorgang und dem sich daraus ergebenden Machtgewinn gleichsam stärker werden. „Die Erkenntniß", so hält Nietzsche denn auch fest, „arbeitet als Werkzeug der Macht. So liegt es auf der Hand, dass sie wächst mit jedem Mehr von Macht [...]: das Maß des Erkennenwollens hängt ab von dem Maß des Wachsens des Willens zur Macht der Art: eine Art ergreift so viel Realität, um über sie Herr zu werden, um sie in Dienst zu nehmen."[112] Ihr Wachstum an Macht setzt unsere Erkenntnis in die Lage, immer grandiosere Fälschungsaktionen durchzuführen. Daher bleibt es nicht bei der anfänglichen Strukturierung der Welt – ihrer „Logisierung", wie Nietzsche sagt – mittels der Erdichtung identischer Fälle. Ihren bislang größten Triumph feiert die Erkenntnis vielmehr in der Erdichtung des „Seins" als der vermeintlich „wahren" Welt und der Erfindung eines „Jenseits", einer „Hinterwelt", welche Nietzsche in seiner Schrift *Götzen-Dämmerung* als „Fabel" entlarven zu können glaubte.

Aus Nietzsches Deutung der Erkenntnis als Wille zur Übermächtigung folgt zudem eine ganz bestimmte Auffassung hinsichtlich unserer Erkenntnisorgane. Dies lässt sich zunächst anhand der menschlichen Sinne, der Wahrnehmungsorgane, zeigen. Nietzsches Überzeugung nach kommt ihnen in erster Linie die Aufgabe zu, dem Intellekt das Rohmaterial für dessen weltinterpretierende Tätigkeit zu liefern. Das nun klingt sehr nach simplem Sensualismus und Empirismus. Indessen würde man Nietzsches Intention völlig verkennen, würde man ihn so lesen. Er nämlich begreift die Sinne keineswegs als rein passive Rezeptionsorgane; vielmehr attestiert er ihnen ausdrücklich Aktivität – Aktivität, die auf Übermächtigung der Dinge abzielt. In allen Sinneseindrücken, so schreibt er, sind wir nicht passiv, sondern „sehr aktiv": „auswählend, verbindend, ausfüllend, auslegend".[113] Unsere Sinne filtern die auf sie einströmenden Eindrücke; einige werden – in Nietzsches physiologischer Terminologie gesagt – „assimiliert", andere zurückgewiesen. Diese Auswahl geschieht gemäß der Vorgabe, was dem Leben dienlich ist und was nicht. Insofern interpretieren die Sinne das ihnen zur Verfügung stehende Material. Sinnliche Wahrnehmung ist für Nietzsche mithin alles andere als ein passives Aufnehmen von Daten aus der Umwelt. Sie ist vielmehr eine äußerst selektive, konstruktive, ja interpretative Leistung.

Die Folge ist: Die Daten, die uns die Sinne liefern, gelangen nie rein, nie unvermittelt in unser Bewusstsein, in unseren Intellekt. In gewissem Sinne sind sie Fälschungen. Unser Intellekt bekommt mithin – und zwar im Dienst der Lebenssicherung – manipulierte Daten geliefert. Und er seinerseits fährt mit dem Fälschen und Manipulieren der Daten fort. Während die Menschen früherer Jahrhunderte unserem Intellekt – mal mehr, mal weniger – Wahrheitsfähigkeit zusprachen, erblickt Nietzsche gerade in der verfälschenden, manipulierenden Tätigkeit desjenige Moment, das den Intellekt besonders kennzeichnet: „Das Auszeichnende an dem gewöhnlich als einzig gedachten ‚Bewußtsein‘, am Intellecte, ist gerade, daß er [...] nur eine Auswahl von Erlebnissen vorgelegt bekommt, dazu noch lauter vereinfachte, übersichtlich und faßlich gemachte, also gefälschte Erlebnisse, – damit er seinerseits in diesem Vereinfachen und Übersichtlichmachen, also Fälschen fortfahre."[114] Auch diese Fälschertätigkeit des Intellekts dient für Nietzsche dazu, der menschlichen Gattung das Überleben zu sichern. Nietzsche fasst den Intellekt als eine Fähigkeit auf, deren Entstehung notwendig wurde aufgrund der Entwicklung des Organischen hin zu immer komplexeren Lebensformen und der damit einhergehenden ständig schwieriger werdenden Daseinssicherung. „Wie weit auch unser Intellect eine Folge von Existenzbedingungen ist", so notiert Nietzsche, „wir hätten ihn nicht, wenn wir ihn nicht nöthig hätten und hätten ihn nicht so, wenn wir ihn nicht so nöthig hätten, wenn wir auch anders leben könnten."[115]

Wie aus anderen Überlegungen Nietzsches hervorgeht, denkt er sich die Entstehung des Intellekts als Folge des Triebes zur Überwältigung des ihm Entgegenstehenden, des „Objekts", also letztlich der Welt. So gesehen wäre der Intellekt als eine Form des Willens zur Macht zu verstehen. Das heißt, der Wille zur Macht bedient sich des Intellekts, um die Welt in einem ihm gemäßen Sinn deuten, interpretieren, auslegen zu können – und sie auf diese Weise zu übermächtigen, sie sich aneignen, sie „begreifen" zu können. Der Intellekt interpretiert die Welt in einem dem Willen zur Macht entsprechenden Sinn. Das heißt für Nietzsche, der Intellekt deutet die Welt immer aus einer spezifischen Perspektive heraus. Diese Perspektive wird bestimmt durch die Affekte und die Bedürfnisse des betreffenden Organismus. Die Folge ist, wie Nietzsche notiert: „Von jedem unserer Grundtriebe aus giebt es eine verschiedne perspektivische Abschätzung alles Geschehens und Erlebens."[116] Folglich sind es im Grunde die Affekte und Bedürfnisse, welche die Welt aus ihrem ihnen eigentümlichen Blickwinkel interpretieren.

In diesem Zusammenhang ist bei Nietzsche zweierlei zu beachten. Erstens gesteht er die Fähigkeit zu perspektivischer Auslegung nicht allein dem Menschen zu, sondern generell jedem organischen Wesen. So hat er einmal kurz und bündig formuliert: „Mit der organischen Welt ist eine perspektivische Sphäre gegeben."[117]

Zweitens hebt er hervor, jeder Trieb besitze seine ihm eigene Perspektive, der entsprechend er die Welt interpretiere. Das aber bedeutet nichts weniger, als dass die Triebe selbst Bedeutung und Sinn schaffen! Folglich gäbe es, wenn denn jeder Trieb die Umwelt aus der ihm spezifischen Perspektive auslegt, ebenso viele Bedeutungen und „Sinne der Welt", wie es interpretierende Triebe gibt. Infolgedessen ist es nur konsequent, wenn Nietzsche die Rede von *dem* oder *einem* Sinn der Welt für bedeutungsleer erachtet und betont, die Welt habe „keinen Sinn hinter sich, sondern unzählige Sinne".[118]

Wenn nun Nietzsche dergestalt die Auffassung vertritt, Triebe und Affekte legten selbst die Welt aus, dann scheint damit gesagt, allein die Triebe seien die letzten Endes treibende Kraft der perspektivischen Weltdeutung. In der Tat legen einige von Nietzsches Äußerungen eine solche Lesart nahe. Jedoch gibt es auch andere Textstellen, denen zufolge Nietzsche die Triebe keineswegs als letzten Grund der perspektivischen Interpretation ansieht. Ihnen zufolge erwägt Nietzsche die Möglichkeit, ob sich die Triebe ihrerseits nicht auf noch Fundamentaleres zurückführen lassen, nämlich auf Wertschätzungen. „Triebe", so hält er beispielsweise fest, „sind die Nachwirkungen lange gehegter

Werthschätzungen, die jetzt instinktiv wirken, wie als ein System von Lust- und Schmerzurtheilen."[119]
Gehen wir dieser Hypothese ein wenig nach! Wertschätzungen erfordern ein Kriterium, gemäß dem Werte geschätzt werden können. Es wird sicherlich nicht überraschen, wenn Nietzsche dieses Kriterium im „Leben" gefunden zu haben glaubt. Da Leben für ihn Wille zur Macht ist und dieser aufgrund der ständigen Prozesse des Übermächtigens und Überwältigens auf ein Stärkerwerden zielt, erhebt Nietzsche das, was er die Erhöhung des Lebens nennt, zur Richtschnur aller Wertschätzungen: Der Wille erstrebt und schätzt dasjenige, was dem Leben nützt und es erhöht, es voranbringt; was diesem Zweck entgegensteht, versucht er zu zerstören. Damit wird zum einen ersichtlich: Die treibende Kraft hinter allen Wertschätzungen und den mit ihnen verknüpften Trieben und Affekten ist der Wille zur Macht. Eine Aufzeichnung aus Nietzsches Nachlass stellt diesen Zusammenhang ausdrücklich her: „Unsere Werthschätzungen", so heißt es da, „bestimmen welche Dinge überhaupt wir acceptiren und *wie* wir sie acceptiren. Diese Werthschätzungen aber sind eingegeben und regulirt von unserem Willen zur Macht."[120] Zum zweiten dürfte deutlich werden, für wie eng verschränkt Nietzsche die Wertschätzungen mit den Lebensbedingungen von Organismen – insbesondere des Menschen – hält. Das hat zur Folge, dass eine Änderung der Lebensbedingungen eine Änderung der Wertschätzungen nach sich zieht. Dass Nietzsche diese Konsequenz nicht nur bewusst war, sondern er sich auch ausdrücklich zu ihr bekannte, belegt eine Nachlassnotiz, in der es heißt: „Unsre Werthschätzungen stehen im Verhältnis zu unseren geglaubten Lebensbedingungen: verändern sich diese, so verändern sich unsere Werthschätzungen."[121]
Die Wertschätzungen, von denen Nietzsche hier spricht, entspringen demnach letzten Endes aus dem praktischen Bedürfnis, sich – soweit es eben möglich ist – an den Lebensbedingungen der Gattung zu orientieren. Nun handelt es sich aber bei diesen Lebensbedingungen, wie Nietzsche ja eigens betont, im Grunde nur um „geglaubte", vermutete Lebensbedingungen. Zum Leben, so schärft er uns in Aphoris-

mus 34 des zweiten Hauptstücks von *Jenseits von Gut und Böse* ein, gehört wesentlich der Schein, die Illusion, die Täuschung. Demzufolge lässt sich gar nicht objektiv feststellen, was unsere Lebensbedingungen sind. Sie lassen sich einzig bestimmen aufgrund einer Weltdeutung, die sich bewusst halten sollte, dass sie das Resultat perspektivischer Schätzungen ist. Wie Nietzsche selbst wiederholt hervorhebt, vermag eine perspektivische Weltauslegung über die Wahrheit oder Falschheit einer Interpretation nicht das Geringste auszusagen. Sie ist, um es noch einmal zu betonen, einzig und allein darauf aus, die Existenz der menschlichen Gattung sicherzustellen. Damit kann also nicht von vornherein ausgeschlossen werden, dass eine solche perspektivische Auslegung insgesamt „falsch" ist.

Gleichwohl betont Nietzsche mit aller Entschiedenheit: Der Sachverhalt, dass der Mensch aufgrund der Wertschätzungen und des Glaubens an bestimmte Lebensbedingungen überlebt habe, beweise die „Wahrheit" der Auslegung – wobei „Wahrheit" hier wohl zu verstehen ist im Sinne von Nützlichkeit, von Lebensdienlichkeit. Gesetzt nämlich den Fall, bei unseren Weltauslegungen handelte es sich nur um Irrtum, Trug und Schein, so dokumentiert sich für Nietzsche gerade darin, dass dieser Schein als Resultat eines praktischen Bedürfnisses die Sicherung des Überlebens garantiert, zweierlei: zum einen, dass Trug, Schein und Irrtum unabdingbar zum Leben gehören, und zum anderen, dass eben dieser Schein für uns „Wahrheit" ist. Dieser Ansicht verleiht Nietzsche in einer Aufzeichnung vom Frühjahr 1888 wie folgt Ausdruck: „,Scheinbarkeit' ist eine zurechtgemachte und vereinfachte Welt, an der unsere praktischen Instinkte gearbeitet haben: sie ist für uns vollkommen recht: nämlich wir leben, wir können in ihr leben: Beweis ihrer Wahrheit für uns."[122]

Wenn demnach Schein und Perspektivität mit unserem Weltverhältnis untrennbar verbunden sind, dann wäre jeder Versuch, solche Perspektivität hinter sich zu lassen, für die menschliche Gattung in letzter Konsequenz tödlich – und mithin äußerst töricht. „Wollte man heraus aus der Welt der Perspective", schreibt Nietzsche, „so gienge man zu Grunde." Und mehr noch: „auch ein *Rückgängig-*

machen der großen bereits einverleibten Täuschungen zerstört die Menschheit".[123]

Was kann man angesichts dieser Sachlage tun? Nun, laut Nietzsche wohl nicht viel mehr, als zu akzeptieren, dass das, was wir als unsere Welt begreifen, das Resultat – mit seinen Worten gesagt – „perspektivischer Schätzungen" ist. Auch wenn man die eine oder andere extreme Ansicht Nietzsches – vornehmlich seine These, jegliches Weltverhältnis werde von einem Willen zur Macht gesteuert, sieht sich der Kritik ausgesetzt – nicht oder nur ungern akzeptieren mag, so dürfte doch seine grundsätzliche Einschätzung Bestand haben: Am Aufbau dessen, was wir als Realität, als Um- und Mitwelt ansprechen, sind perspektivische, selektive und konstruktive Prozesse in hohem Maß beteiligt. Neben der Sinnesphysiologie und der Wahrnehmungspsychologie hat auch die moderne Wissenschaftsphilosophie dafür überzeugende Belege geliefert. Ihnen sollten wir uns jetzt zuwenden.

Antizipierende Theorien in unserer Wahrnehmung und Erkenntnis: Karl R. Popper

Die wohl gängigste Vorstellung hinsichtlich der Frage, wie unser Wissen von der Welt entsteht, ist diejenige, die als die Quellen unserer Erkenntnis und unseres Wissens unsere fünf Sinne ansieht. Demnach bräuchten wir nur unsere Augen, Ohren usw. zu öffnen und schon spaziert – etwas salopp und bildlich gesprochen – die Welt in unseren Kopf herein. Die Sinne bildeten demzufolge, wie der österreichisch-britische Philosoph Karl Raimund Popper einmal geschrieben hat, „die Eingangspforten in unser Bewußtsein".[124] Popper nun hat diese Vorstellung, die mehr oder weniger implizit und recht unreflektiert von unserem Alltagsverstand vertreten wird, ziemlich despektierlich als „Kübeltheorie des Geistes" – als „bucket theory of the mind" – bezeichnet. Ihr zufolge ist unser Geist eine Art Kübel, der bei der Geburt leer beziehungsweise mehr oder weniger leer ist und in den dann nach und nach Material durch unsere Sinne hineingelangt, das sich anhäuft und, wie Popper sagt, „verdaut", also verarbeitet und umgeformt wird in dem Sinne, dass alle psychisch-intellektuellen Vorgänge wie beispielsweise Denken, Erinnern und Wollen sowie all unser Wissen und unsere Erkenntnisse als Umformungen von Sinneswahrnehmungen als der einzigen Erkenntnisquelle zu begreifen sind. Unser Alltagsverstand hat damit im Wesentlichen eine Vorstellung von Erkenntnis, die auch von den philosophischen Richtungen des Empirismus und des Sensualismus vertreten worden ist. Zwar wurden entsprechende Konzeptionen bereits in der griechischen Antike entwickelt, zum Beispiel von Demokrit und Epikur, doch der neuzeitliche Empirismus entstand auf britischem Boden. Als seine Hauptvertreter gelten John Locke (1632–1704) und David Hume (1711–1776). Der Sensualismus war besonders im Frankreich der Aufklärung populär. Sein Hauptrepräsentant ist Condillac (1715–1780). Auch wenn sich beide Denkschulen hinsichtlich einzelner Aspekte unterscheiden, so kommen doch beide darin überein, dass ihr erkenntnistheoretischer Grundsatz zu bedenken gibt, es sei nichts im Verstand, was nicht vorher in den Sinnen war (wie Thomas von Aquin im Hochmittelalter formulierte). Diese Ansicht ist auch bekannt als „Tabula-rasa-Theorie". Ihr zufolge gleicht der Verstand des Neugeborenen einer leeren Tafel, einer polierten Platte, auf der die Sinneseindrücke nach und nach ihre Spuren hinterlassen.

Insbesondere der bereits erwähnte Karl R. Popper hat sich wiederholt kritisch mit dieser Erkenntnistheorie unseres Alltagsverstands auseinandergesetzt.[125] Er hält ihre Grundannahmen für „äußerst naiv" und sie selbst in allen ihren Formen für „völlig falsch". Popper glaubt für diese harsche Aburteilung gute Gründe beibringen zu können. Nimmt man die Kübeltheorie etwas eingehender in Augenschein, dann wird seiner Überzeugung nach rasch ersichtlich, dass sie sich Wissen so vorstellt, als bestünde es aus Dingen oder dingähnlichen Gegenständen – etwa aus Ideen oder Sinnesempfindungen. Demnach wäre Wissen etwas in uns, etwas, das man hat, das man besitzt und über das man frei verfügen kann – und zwar als angebliches Gewisses und Gesichertes. Zudem geht die Kübeltheorie davon aus, dass die

Informationen, welche die Sinne aufnehmen, rein und unverfälscht in uns gelangen. Sie zieht also gar nicht in Erwägung, dass sie bereits durch die Wahrnehmung und die geistige Aktivität bearbeitet, gebrochen, ja verfälscht worden sein könnten. Folglich geht diese Erkenntnistheorie des Alltagsverstands davon aus, dass wir ohne unsere subjektiven Zutaten die Welt so erfassen würden, wie sie wirklich ist. Anders gesagt: Wenn unser Verstand, wenn unser Geist die empfangenen Sinnesdaten nicht so schlecht „verdauen" würde, wären wir im Besitz der Wahrheit. Auf diese Weise fungieren dem alltäglichen Verständnis zufolge die vorgeblich reinen und unverfälschten Sinnesinformationen als letztes – und einziges! – Wahrheitskriterium. Die Konsequenz hieraus liegt auf der Hand: Der vollkommene Verstand, wenn es ihn denn gäbe, würde nie irren, würde sich nie täuschen lassen, wobei „vollkommen" hier bedeutet: er würde die empfangenen Sinnesdaten lediglich – und zwar mechanisch – miteinander kombinieren. Wir hätten es bei dem vollkommenen Verstand demnach mit einem rein mechanisch operierenden Datenverarbeitungsapparat zu tun, auf dessen Tätigkeit weder unser Wollen und Wünschen noch unsere Hoffnungen, zu bestimmten Erkenntnissen zu gelangen, Einfluss hätten. Erkenntnisgewinn und Wissenserwerb reduzierten sich damit auf ein im Wesentlichen passives Abbilden von Welt.

Nun verkennt aber auch unser Alltagsverstand keineswegs, dass es durchaus auch ein, wie Popper sagt, praktisches Bedürfnis nach Erkenntnis auf einer etwas höheren Ebene gibt. Dieses Bedürfnis ergibt sich ganz einfach aus dem Sachverhalt, dass wir zeitliche Wesen sind. Wir leben ja nicht nur in der Gegenwart und – mittels der Erinnerung – in der Vergangenheit, sondern wir greifen mit unserem Denken und Handeln immer auch auf die Zukunft vor. Und diese Zukunft nehmen wir in unseren Erwartungen in gewisser Weise vorweg. Um das aber zu können, müssen vorhandene Daten, also Daten, die sich bereits in unserem „Kübel" befinden, mit zukünftigen Daten kombiniert werden (worin, nebenbei gesagt, wieder eine Quelle möglichen Irrtums liegt). Eine solche Art der „Erkenntnis", wenn man das einmal so nennen darf, resultiert selbstverständlich nicht aus einem einfachen, passiven

Empfangen von Sinnesdaten. Sie vielmehr entsteht mit Hilfe von Assoziationen, also durch die Verknüpfung und Verbindung von Ideen und Erkenntniselementen. Eine besondere Rolle kommt hierbei der Wiederholung zu, und zwar dergestalt, dass die Assoziation durch Wiederholung verstärkt wird. Der bereits erwähnte David Hume, der mit Nachdruck auf die Funktion der Assoziation beim Zustandekommen von Erkenntnissen hingewiesen hat, erklärt beispielsweise, das Kausalitätsgesetz, also die gesetzmäßige Verknüpfung von Ursache und Wirkung, sei aufgrund von Gewohnheit, also aufgrund wiederholter Erfahrung entstanden. Wenn wir, so Hume, immer wieder zwei Ereignisse als aufeinanderfolgend wahrnehmen, so dass das Ereignis A stark mit dem Ereignis B assoziiert ist, dann weckt das Auftreten von A eine starke Erwartung, dass B eintritt, dass die (gewohnte) Ursache die (gewohnte) Wirkung hervorruft. Auf diese Weise bildet sich laut Hume ein Glaube. „Glaube" ist dabei nicht in einem religiösen Sinne zu verstehen, sondern meint Erwartungen, die sich festgesetzt, eingeschliffen haben – nämlich deswegen, weil sie in der Vergangenheit meistens oder immer erfüllt worden sind. Auch darin liegt natürlich eine Irrtumsquelle, gibt es doch durchaus so etwas wie einen fehlerhaften Glauben. Fehlerhafter Glaube ist, mit Poppers Worten gesagt, „Glaube an eine Assoziation zwischen Gedanken, die zwar vielleicht ein paarmal in der Vergangenheit zusammen auftraten, aber sich nicht unfehlbar stets zusammen wiederholen".[126]

Wie gesagt, Popper hält an der so umrissenen Erkenntnistheorie des Alltagsverstands nahezu alles für falsch. Ihr Hauptfehler besteht dabei seiner Überzeugung nach in unserer alltäglichen Annahme, wir seien mit der Suche nach Gewissheit beschäftigt. Und genau diese Annahme führe, so Popper, zum Herauslösen von einzelnen Sinnesdaten, -eindrücken, -wahrnehmungen, -empfindungen oder unmittelbaren Erfahrungen als vermeintlich sicherer Grundlage aller Erkenntnis. Gestützt auf Ergebnisse sinnesphysiologischer und wahrnehmungspsychologischer Forschungen kann Popper mit Recht dagegenhalten, solche reinen Sinnesdaten, also Sinnesdaten, die wir unverarbeitet, mithin unverfälscht aufnehmen, gebe es überhaupt nicht. Für ihn handelt es sich dabei um nichts anderes als um Erfindungen, um Hirngespinste, um Chimären optimistischer Erkenntnisphilosophen. Als Beleg für diese Behauptung Poppers sei an die Illusionswelten der sinnlichen Wahrnehmung erinnert. Und es sei zudem noch einmal hingewiesen auf die zahlreichen angeborenen, evolutionär erworbenen Wahrnehmungs- und Kognitionsstrukturen, die unsere Wahrnehmung und Erkenntnis nachhaltig präformieren, sowie auf die im nächsten Kapitel folgenden Ausführungen zu dem prekären Zusammenspiel von Wille und Verstand, in dessen Folge sich bereits unsere Wahrnehmungen als teilweise triebgesteuert und interessegeleitet erweisen.

Doch zurück zu Poppers Auseinandersetzung mit der Erkenntnistheorie des Alltagsverstands. Während diese davon ausgeht, dass Erkennen und Wissenserwerb im Wesentlichen mechanische und passive Vorgänge sind, haben Lernen und Erkennen für Popper ein überaus aktives Moment. Und daran tut er gut. Denn die Kybernetik belehrt uns darüber, dass pro Sekunde eine Informationsmenge von etwa elf Millionen Bits auf das Gehirn eines jeden von uns einströmt. In dieser einen Sekunde können wir aber maximal vierzig Bits davon bewusst verarbeiten. Nietzsche sprach daher mit gutem Grund von einem „Sensationen-Chaos", mit dem wir ständig konfrontiert sind. Sicher, viele dieser enorm zahlreichen Sinneseindrücke sind redundant – das leise Rauschen der fernen Autobahn, das Vogelgezwitscher im Garten, die Signale, die unser Körper permanent aussendet, um das reibungslose Funktionieren unseres Organismus zu melden usw. –, gleichwohl müssen die verbleibenden Eindrücke verarbeitet werden. Und eben dabei handelt es sich um einen komplexen, aktiven Prozess, den Popper wie folgt beschrieben hat: „Als Kinder lernen wir die chaotischen Nachrichten zu entschlüsseln, die uns aus unserer Umwelt erreichen. Wir lernen, sie zu sortieren, die Mehrzahl von ihnen unbeachtet zu lassen und diejenigen herauszusuchen, die entweder für uns unmittelbar von biologischer Bedeutung sind oder in einer Zukunft, auf die wir durch einen Reifungsvorgang vorbereitet werden."[127]

Im Zentrum dieser Beschreibung stehen das Entschlüsseln, Sortieren und Heraussuchen. Informationen, so Popper, erreichen uns also nie rein und unverfälscht. Wir sind vielmehr gefordert, sie zu entschlüsseln, zu decodieren, auszuwählen, was von Belang ist und was nicht, das in biologischer Hinsicht Bedeutsame herauszusuchen. Die Welt spaziert eben nicht einfach in unseren Kopf herein. Die Sinnesdaten durchlaufen einen komplexen Prozess des Filterns, Sortierens und Auswählens.

Außerdem stellt Popper darauf ab, dass das Entschlüsseln der Informationen erlernt werden muss. Und dieses Erlernen, so führt er weiter aus, beruht auf angeborenen Dispositionen. Damit meint er nicht, die Art und Weise der Informationsverarbeitung sei determiniert, sei immer schon festgelegt. Disposition bedeutet Anlage, bezeichnet also genetische, neuronale und psychische Potenziale, bestimmte Fähigkeiten, Fertigkeiten, Erlebnis-, Verhaltens- und Handlungsweisen, die durch den Kontakt zur Umwelt – der biologischen wie der soziokulturellen – entfaltet werden.

Die Frage ist nun, woran sich die Entschlüsselung orientiert, was ihr Bezugssystem ist. Wenn man etwas codiert oder decodiert, dann braucht man ja ein Bezugssystem, einen Code, einen „Schlüssel". Poppers Antwort auf diese Frage lautet: Wir entschlüsseln die auf uns einströmenden Informationen, indem wir sie auf die Wirklichkeit beziehen. Gelingt das, war die Entschlüsselung „richtig" im Sinne von nützlich (zunächst in elementar biologischer Bedeutung). Unsere Disposition hat dann einen Reifeschritt getan. Lässt sich hingegen die Information nicht in Bezug zur Wirklichkeit bringen, ist es sinnvoll, die Entschlüsselung zu korrigieren, den Fehler zu suchen und ihn zu beseitigen, zu „eliminieren", wie Popper gerne sagt. So gesehen sind alle Entschlüsselungen zunächst einmal Entschlüsselungen auf Probe, Versuche, die verbessert werden können. Daher kann Popper festhalten: Wir lernen das Entschlüsseln durch Versuch und Fehlerelimination. Und als Fazit kann er formulieren, die ganze Geschichte vom sinnlich „Gegebenen", von den unmittelbaren, vorgeblich reinen und wahren Daten, denen Gewissheit anhafte, sei letzten Endes eine falsche, durch die Befunde der Sinnesphysiologie, Wahrnehmungspsychologie und Kognitionswissenschaften widerlegte Theorie.

Nach dem derzeitigen Wissensstand hat Popper recht, wenn er vor diesem Hintergrund betont, unser subjektives Wissen bestehe aus reifenden angeborenen Dispositionen. Und da alle unsere Dispositionen in gewisser Weise Anpassungen an konstante oder sich mehr oder weniger langsam verändernde Umweltbedingungen sind, kann man von ihnen sagen, sie seien „theoriegetränkt", wobei der Ausdruck „Theorie", wie Popper eigens betont, in einem weiten Sinn zu verstehen ist. Streng genommen gibt es kein einziges Sinnesorgan, in das nicht antizipierende Theorien genetisch eingebaut sind. „Das Auge einer Katze", so hat Popper diesen Gedanken verdeutlichet, „reagiert in bestimmter Weise auf eine Anzahl typischer Situationen, für die vorbereitete Mechanismen in seine Struktur eingebaut sind: Sie entsprechen den biologisch wichtigsten Situationen, zwischen denen unterschieden werden muss. Die Disposition, zwischen diesen Situationen zu unterscheiden, ist also in das Sinnesorgan eingebaut und damit die Theorie, dass genau diese die bedeutsamen Situationen sind, zu deren Unterscheidung das Auge zu verwenden ist."[128] Daher kann Popper generell feststellen, dass wir in jedem Stadium der Entwicklung des Lebens und der Einzelorganismen das Vorhandensein eines bestimmten Wissens in Form von Dispositionen und Erwartungen annehmen müssen.[129]

Was dergestalt für die Sinnesorgane gilt, gilt erst recht für die sogenannten „höheren" Verstandes- und Geistesoperationen. Empirische Forschungen legen die Vermutung nahe, dass auch unser Geist auf der Basis von – wie Popper es nennt – „Hintergrundwissen" operiert. Dabei ist mit „Wissen" kein ein für alle Mal sicherer Wissensschatz gemeint. Gerade unser Hintergrundwissen ist ständig im Fluss, ist steter Veränderung unterworfen: Unser heutiges Hintergrundwissen, so kann man sagen, ist der Erkenntnisfortschritt von gestern. Und dennoch denken, beurteilen, bewerten und handeln wir stets auf der Basis dieses Hintergrundwissens. Nicht nur in unsere Sinnesorgane sind „Theorien" eingebaut, sondern auch in unser Denken, Bewerten, Urteilen, Verhalten und Handeln. Nicht nur unsere sinnlichen Wahrnehmungen sind „theoriegetränkt", sondern auch und gerade unsere mentalen Operationen. „Was als bedeutsame Eingabegröße aufgenommen wird (und eine Reaktion auslösen kann)", so fasst Popper seine Ausführungen zusammen, „und was als irrelevant übergangen wird, das hängt völlig von der angeborenen Struktur (dem ‚Programm') des Organismus ab."[130]

Ein Beispiel von Paul Watzlawick

Wie „theoriegetränkt" unser Alltagsverstand ist und in welchem Maße wir von Hintergrundannahmen ausgehen, zeigt ein schönes und lehrreiches Experiment, das Paul Watzlawick in einem Vortrag mit dem Titel *Wenn die Lösung das Problem ist* geschildert hat, den er 1987 im Rahmen der Teleakademie hielt. In diesem Experiment stellte der Versuchsleiter die Versuchsperson vor folgendes Problem: „Ich nenne Ihnen jetzt eine lange Kolonne von zweistelligen Zahlenpaaren, und Ihre Aufgabe besteht darin, herauszufinden, ob die Paare zueinander passen." Für gewöhnlich fragte die Versuchsperson an dieser Stelle nach: „Was genau heißt hier ‚zueinander passen'?" Der Versuchsleiter entgegnete: „Das herauszufinden ist genau Ihre Aufgabe."

Der Versuchsleiter nannte nun das ersten Zahlenpaar: „48 und 12." Die Versuchsperson überlegte: „Beides sind gerade Zahlen – das könnte schon mal passen. Außerdem ist 48 ein Vielfaches von 12, denn 4 mal 12 ist 48. Auch das passt. Und ferner: Wenn man beide Zahlen addiert, dann erhält man 60; 60 Minuten nun ergeben eine volle Stunde." Und so kam die Versuchsperson im Laufe ihrer Überlegungen zu dem Schluss: „Passt!"

Der Versuchsleiter konterte kaltschnäuzig: „Falsch!" Dann nannte er das nächste Zahlenpaar: „17 und 83." Die Versuchsperson, durch die unerwartete Antwort des Versuchsleiters zunächst leicht irritiert, fasste sich rasch wieder und entwarf vor dem Hintergrund ihrer ersten, als falsch erwiesenen Theorien und anderer Annahmen ein neues Theoriegebäude: „17 und 83 – beides sind keine gerade Zahlen, also kann ‚gerade' kein Kriterium dafür sein, ob die Zahlen passen oder nicht. Mithin passen 17 und 83 möglicherweise deshalb zueinander, weil es ungerade Zahlen sind. Zudem steht diesmal die kleinere Zahl vor der größeren. Und: Beides sind Primzahlen. Wenn man darüber hinaus 17 und 83 addiert, erhält man 100." Und so antwortete unsere Versuchsperson erneut – ihre Theorien und Hintergrundannahmen ließen ihr offensichtlich keine andere Wahl: „Passt!"

„Falsch", entgegnete der Versuchsleiter erneut.

Und so nahm das Experiment seinen Lauf. Allerdings schienen die theoretischen Erwägungen der Versuchsperson zunehmend zu stimmen, denn immer häufiger bestätigte der Versuchsleiter ihre Antworten mit einem Richtig. Das führte aufseiten der Versuchsperson zum einen zur Bildung immer komplizierterer und komplexerer Theorien und zum anderen dazu, dass sie dem Versuchsleiter ihre Theorien immer häufiger erklärte – augenscheinlich, um ihm zu demonstrieren, zu welchen theoretischen Höchstleistungen sie in der Lage war. Was sie dabei jedoch nicht wusste: Tatsächlich hatten die Antworten des Versuchsleiters nicht das Geringste mit den Zahlenpaaren zu tun; der Versuchsleiter gab sie nämlich ganz einfach gemäß dem Verlauf der Gauß'schen Normalverteilungskurve. Hatte er also zunächst wiederholt mit einem Falsch geantwortet, so bestätigte er die Vermutungen der Versuchsperson in der Folgezeit immer häufiger als richtig.

Dieses Experiment erbrachte die folgenden interessanten Ergebnisse:

– Diejenigen Versuchspersonen, deren Antworten zu 75 Prozent „richtig" waren, sahen das als Bestätigung ihrer Theorien. Sie bewerteten ihre eigenen Theorien also im Ausgang von einer weiteren Theorie.

– Die Versuchspersonen, deren Antworten in etwa 50 Prozent der Fälle vom Versuchsleiter bestätigt wurden, entwarfen absurde, völlig an den Haaren herbeigezogene Theorien.

– Und diejenigen Versuchspersonen schließlich, die nur eine Trefferquote von 25 Prozent oder weniger hatten, gaben irgendwann auf. Sie erklärten das allerdings wiederum mit eigens zu diesem Zweck gebildeten Theorien, wie beispielsweise dieser: „Ich erkenne keinen

Sinn in den Zahlenreihen; das hat wohl damit zu tun, dass ich in Mathematik noch nie gut war." Andere Versuchspersonen aus dieser Gruppe versuchten gar dem Versuchsleiter klar zu machen, *er* habe bei den Zahlenkolonnen Fehler gemacht, die ihm entgangen seien!

Wille und Intellekt

Vorstellen und Wollen: René Descartes

Der Überlieferung zufolge nahmen die abendländische Philosophie und Wissenschaft ihren Ausgang vom Staunen und der Verwunderung darüber, dass überhaupt etwas ist. Warum, so wurde – wie Platon und Aristoteles bezeugen – um die Mitte des ersten Jahrtausends vor Christus im antiken Griechenland gefragt, gibt es diesen Kosmos? Warum gibt es diese Welt mit ihrem Formenreichtum? Warum gibt es überhaupt etwas? Warum gibt es nicht nichts? Mit anderen Worten: Die antike Welt ging – ohne das großartig zu problematisieren – davon aus, dass es etwas gibt. Erkenntnis, so hielt denn Platon fest, muss Erkenntnis *von etwas* sein.[131] Und dieses Etwas muss *sein* und kann nicht nicht sein. Erkenntnis und damit auch die auf Erkenntnis zielende Philosophie wird von dem Seienden, das heißt von den Dingen, den Gegenständen, der Natur, der Welt selbst auf den Weg gebracht. Erkenntnis des Seienden aber ist, mit einem Fremdwort gesagt, ontologische Erkenntnis.

Dieses ontologische Leitbild bestimmte die Philosophie bis zum Beginn der Neuzeit, genauer gesagt: bis zum Beginn des 17. Jahrhunderts. Von diesem Zeitpunkt an machte sich hinsichtlich der Erkennbarkeit der Dinge zunehmend Skepsis breit. Diese Skepsis führte zu einer Neubesinnung, zu einem erneuten Nachdenken über das, was man bisher für selbstverständlich gehalten hatte: dass die Dinge einfach da sind und von uns ohne große Probleme erkannt werden können. Die skeptische Neubesinnung ist eine reflexive Einstellung:

Denken und Erkennen werden nun selbst zum Gegenstand des Nachdenkens, und es kommt die Frage auf: Wie ist es mir überhaupt möglich, etwas zu erkennen? Und woher nehme ich die Gewissheit, dass es sich bei dem, was ich erkenne, um wahre Erkenntnis handelt? Die Konsequenz daraus ist: Die Philosophie kann nicht mehr mit dem Staunen und der Verwunderung darüber beginnen, warum überhaupt etwas ist, sondern sie muss den Zweifel und die Skepsis, nachdem beide nun einmal in der Welt sind, ernst nehmen. Das aber heißt: Sie muss den Zweifel zu ihrer eigenen Sache machen und versuchen, ihn so in den Griff zu bekommen, dass Philosophie als Streben nach wahrer Erkenntnis möglich bleibt. Das aber verändert die Blickrichtung fundamental. Denn die Ausgangsfrage kann fortan nicht mehr „Was ist?" lauten, sondern muss lauten: „Was können wir erkennen? Was kann ich wissen?"

Für René Descartes, den „Vater der neuzeitlichen Philosophie", wie er genannt worden ist, ist Philosophie dann folgerichtig nicht mehr Ontologie, also nicht mehr Lehre vom Seienden, sondern in erster Linie ein Nachdenken über die „Prinzipien der menschlichen Erkenntnis".[132] Damit bahnt er einer philosophischen Disziplin den Weg, die seit dem 19. Jahrhundert „Erkenntnistheorie" heißt und läutet die Wende zu einem Paradigma der Philosophie ein, das fortan das „mentalistische" heißen wird. Dieses neue Leitbild fordert, das Denken habe beim Bewusstsein anzusetzen. Mentalistisches Philosophieren ist also ein Philosophieren, das mit dem Bewusstsein beginnt und erst danach zu den Gegenständen der Außenwelt fortschreitet.

Im Zuge einer Zweifelsmeditation, die alles bislang für wahr Gehaltene in Frage stellt, gelangt Descartes zu der Einsicht: Selbst wenn ich an allem zweifele, so bleibt mir doch eines sicher und gewiss: dass ich, solange ich zweifele und meinen skeptischen Gedanken nachhänge, als zweifelndes und denkendes Ich notwendig existieren muss. Auf diese Weise vergewissert sich das Ich, vergewissert sich das Bewusstsein seiner selbst im Zweifel und skeptischen Denken. Descartes hat diesen Sachverhalt zu der bekannten Formel „Ego cogito, ergo sum" verdichtet: „Ich denke, also bin ich."[133] So steht am Ende eines Weges, der mit dem radikalen Zweifel begann, die für Descartes beruhigende Feststellung: Die Existenz des Bewusstseins des Zweifelnden kann von ihm nicht bezweifelt werden. Sie ist für ihn die erste unumstößliche Tatsache, ist – wie Descartes sagt – ein absolut gewisses, unumstößliches Fundament, auf dem das Gebäude des Wissens nun neu errichtet werden kann. So gesehen wird der Zweifel, wird der Skeptizismus mit seinen eigenen Waffen geschlagen. Das aber heißt: Will man zu gesichertem Wissen gelangen, muss man mit dem Bewusstsein beginnen und darauf achten, wie es zu Erkenntnissen gelangt, muss man – anders gewendet – zunächst „mentalistisch" philosophieren.

Nun ist hier schon des Öfteren von „Denken" die Rede gewesen. Allerdings würde man es sich zu einfach machen, verstünde man darunter allein Denken in dem alltäglichen Sinn von richtigem Schlussfolgern und verknüpfender Verstandestätigkeit. Denn die lateinischen Begriffe *cogitatio* und *cogito*, die Descartes verwendet und die im Deutschen für gewöhnlich mit „Denken" beziehungsweise „ich denke" übersetzt werden, beinhalten mehr: Für Descartes umfassen sie all das, was derart mit uns geschieht, dass wir uns seiner unmittelbar aus uns selbst bewusst sind. Zur *cogitatio* gehört folglich alles, was von mir bewusst erlebt wird. Descartes rechnet dazu vornehmlich das sinnliche Wahrnehmen – also Sehen, Hören, Tasten, Riechen, Schmecken –, ferner das Einsehen, das Meinen, das Behaupten, das Phantasieren, das Träumen, das Fühlen und das Wollen.[134] Bei all dem Genannten handelt es sich, wie Descartes sich ausdrückt, um verschiedene „Bewusstseinsarten", die sich – so gibt er weiter zu bedenken – grundsätzlich auf zwei Gruppen zurückführen lassen. Die erste nennt er das *Vorstellen* (*perceptio*) oder die *Wirksamkeit des Verstandes*. Zu ihr zählt er das Wahrnehmen, das Einbilden (das Phantasieren, das Träumen und dergleichen) sowie das reine Denken, das ist das Denken im Sinne der bereits erwähnten verknüpfenden und schlussfolgernden Aktivität. All diese Aktivitäten, so schreibt er, sind nur verschiedene Arten des Vorstellens. Die zweite Bewusstseinsart stellt für Descartes das *Wollen* (*volitio*) oder die *Wirksamkeit des Willens* dar. In diese Gruppe ordnet er das Begehren, Ablehnen, Behaupten, Verneinen und Zweifeln ein, denn bei ihnen allen handelt es sich seiner Überzeugung nach um verschiedene Arten des Wollens.

Möglicherweise wird man stutzen, wenn man das Zweifeln dieser zweiten Bewusstseinsart zugerechnet findet. Ist Zweifeln, so kann man fragen, denn nicht eine Art des Vorstellens, ist es nicht eine, vielleicht sogar ausgezeichnete Weise des Denkens? Und sollte es darum nicht sinnvollerweise der ersten Bewusstseinsart zugeschlagen werden? Dem ersten Eindruck nach scheint das durchaus plausibel zu sein. Descartes' Zuordnung zur zweiten Gruppe jedoch ist offensichtlich motiviert durch die Einsicht, dass der Zweifel den Entschluss zu zweifeln, mithin einen Willensakt, voraussetzt. Das hat er bereits in den *Meditationen* von 1641, nachdrücklicher noch in den *Prinzipien der Philosophie* drei Jahre später betont, die mit der Feststellung einsetzen, es gebe kein anderes Mittel gegen all die zahlreichen Vorurteile, die uns an der Erkenntnis der Wahrheit hindern, als einmal im Leben den Entschluss zu fassen, an allem zu zweifeln, worin man auch nur den geringsten Verdacht einer Ungewissheit antreffe.

Allein hiermit ist bereits angedeutet, was Descartes dann eigens betont, nämlich dass die beiden genannten Bewusstseinsarten nicht unverbunden nebeneinander stehen, sondern auf vielfältige Weise ineinandergreifen, aufeinander einwirken, sich wechselseitig beeinflussen. Insbesondere kommt es Descartes dabei darauf an, mit Nachdruck auf das volitive, also das willentliche Moment aller Erkenntnis hinzuweisen: „Zum Urteilen", schreibt er, „gehört zwar Verstand, weil man über eine Sache, die man auf keine Weise erfasst, nicht urteilen kann; aber es ist dazu auch Wille erforderlich, um der vorgestellten Sache die Zustimmung zu erteilen."[135]

Allerdings hat dieses Zusammenspiel der beiden Bewusstseinsarten zwei Seiten. Einerseits kann der Wille – die *volitio* – fraglos als Korrektiv meiner Erkenntnisse dienen, versetzt mich diese Weise des Bewusstseins doch in die Lage, einem Urteil meine Zustimmung zu versagen. Das ist etwa dann der Fall, wenn mich intuitiv etwas davon abhält, einer Erkenntnis, die scheinbar gut abgesichert ist, meine vorbehaltlose Zustimmung zu geben. Ich halte mich dann mit einem vorschnellen Urteil zurück, zweifele an der Richtigkeit dessen, was mir da weisgemacht werden soll, verneine am Ende gar das vermeintlich Gewisse. Descartes indessen rückt weniger diesen als vielmehr den zweiten Aspekt des Ineinandergreifens von *perceptio* und *volitio*, von Denken und Wollen, ins Zentrum: dass und wie unser Begehren und unser Ablehnen, unsere Wünsche, Vorlieben und Abneigungen unsere Suche nach Erkenntnis, Wahrheit und Gewissheit beeinflussen und unsere Meinungen, Behauptungen, Urteile, ja gar unsere Wahrnehmungen in eine bestimmte Richtung – nämlich in die von uns gewünschte – lenken können, ja nicht nur können, sondern es de facto immer schon tun. Zwar glaubt Descartes, mit der Forderung nach Klarheit und Deutlichkeit der Vorstellungen ein Kriterium wahrer Erkenntnis an der Hand zu haben, gleichwohl räumt er grundlegend die Möglichkeit des Irrtums ein. Und zwar entspringt der Irrtum allein schon daraus, dass eine Vorstellung durchaus klar sein kann, aber alles andere als deutlich ist. In einem solchen Fall ist die betreffende Vorstellung dem Geist gegenwärtig und offenkundig, sie ist aber von allen übrigen Vorstellungen nicht so getrennt und unterschieden, dass sie nur klare Merkmale in sich enthält. Descartes verdeutlicht diesen Sachverhalt mit folgendem Beispiel: Jemand fühlt einen heftigen Schmerz. Die Wahrnehmung dieses Schmerzes ist ganz klar, aber nicht immer deutlich. Denn für gewöhnlich, meint Descartes, vermengen die Menschen die Wahrnehmung des Schmerzes mit ihrem dunklen Urteil über die Natur des Schmerzes, indem sie etwa der Ansicht sind, in dem schmerzenden Glied sei etwas enthalten, das dem Gefühl des Schmerzes, den sie allein wahrnehmen, ähnlich ist. Damit jedoch befinden sie sich im Irrtum, denn nach Überzeugung Descartes' wird der Schmerz nicht in dem betreffenden Körperteil, sondern mittels unseres Geistes empfunden. Aufgrund dieses Irrtums ist die Vorstellung des Schmerzes zwar klar, aber undeutlich.

Vor dem Hintergrund der bisherigen Überlegungen wird es nun wohl nicht mehr überraschen, dass nach Ansicht Descartes' die Möglichkeit des Irrtums und der Täuschung in der Hauptsache daher rührt, dass wir einen freien Willen haben, der zu den Vorstellungen zustimmend oder ablehnend, bejahend oder verneinend Stellung nimmt und infolgedessen falsche Entscheidungen treffen kann. Die Quelle des Irrtums und der Täuschung liegt demnach nicht im Verstand, sondern im Willen, der, wie Descartes nur zu gut weiß, von den *Leidenschaften der Seele* – so der Titel seines Buchs aus dem Jahr 1649– nachhaltig beeinflusst werden kann. Folglich fordert Descartes mit gutem Grund, sich eines Urteils so lange zu enthalten, wie man keine klare und deutliche Vorstellung von der zu beurteilenden Sache oder Angelegenheit besitzt. Damit bewegt er sich ganz im Rahmen der antiken Skepsis, die anmahnte, sich eines Urteils so lange zu enthalten, bis auch der kleinste Zweifel ausgeräumt wäre. Jedoch ist sich Descartes ebenso wie die antiken Skeptiker darüber im Klaren, dass im alltäglichen Leben Zweifeln eher unangebracht ist, da hier Handeln und Entscheiden gefordert sind und oft die Gelegenheit zum Handeln verstreichen würde, ehe wir uns von den Zweifeln befreit hätten.[136]

Einer speziellen Art des Irrtums hat Descartes besondere Aufmerksamkeit geschenkt: der Selbsttäuschung. Optimistisch, wie er gelegentlich ist, meint er, wir stimmten nur selten etwas zu, von dem wir bemerken, dass wir es nicht verstanden haben. Gleichwohl gesteht er zu, darin irrten wir am meisten, dass wir von vielem meinen, es früher einmal eingesehen zu haben, es als solches im Gedächtnis bewahren und ihm zustimmen – obgleich wir es in Wahrheit niemals verstanden haben.[137] Hier hat uns unsere *volitio* wieder einmal einen trefflichen Streich gespielt. Und einmal mehr bewahrheitet sich Descartes' These vom Ineinandergreifen der beiden Bewusstseinsarten *perceptio* und *volitio*, des Verstandes und des Wollens, und zeigt sich, welch entscheidende Rolle das volitive Moment beim Zustandekommen unserer Erkenntnisse, Gewissheiten, Wahrheiten, Überzeugungen und Einstellungen spielt.

Descartes hat es bei diesen wenigen – gleichwohl wichtigen, weil im Hinblick auf das Zusammenspiel von Wille und Verstand aufschlussreichen – Überlegungen belassen und das Thema nicht weiter verfolgt. Andere haben hier weitergedacht und sind in tiefere Sphären der menschlichen Psyche vorgestoßen – namentlich Schopenhauer und Nietzsche.

Von den „Vorurteilsgötzen", die sich des menschlichen Geistes bemächtigen: Francis Bacon

Zimbardos Gefängnis-Experiment führte drastisch vor Augen, in wie erschreckend einfacher Weise sich unser Geist manipulieren lässt. Das, was die moderne Psychologie dabei experimentell nachwies, ist seit Jahrhunderten ein nicht unwesentlicher Gegenstand philosophischer Erörterung. So stellte etwa, wie wir gesehen haben, Descartes die Einsicht heraus, in wie hohem Maß unsere Verstandesleistungen von unseren Willensregungen beeinflussbar sind. Sein Zeitgenosse Francis Bacon, der den zu Beginn des 17. Jahrhunderts einsetzenden Siegeszug der Naturwissenschaften mit auf den Weg brachte, machte sich daran, systematisch diejenigen Kräfte zu untersuchen, die nachhaltige Wirkungen auf unsere geistigen Aktivitäten ausüben. Dabei arbeitete er in seinem *Neuen Organ der Wissenschaften*, das er 1620 publizierte, insgesamt vier „Vorurteilsgötzen" oder Trugbilder – lateinisch *idola* – heraus, die den menschlichen Verstand eingenommen, sich im Laufe der Menschheitsgeschichte in ihm festgesetzt haben und sich des menschlichen Geistes bemächtigen. Und zwar unterscheidet Bacon die Götzen oder Trugbilder der Gattung (*idola tribus*), des Standpunkts (*idola specus*; wörtlich: die Trugbilder der Höhle), der Gesellschaft (*idola fori*; wörtlich: die Trugbilder des Marktes) und die des Theaters, der Bühne (*idola theatri*), das sind die Trugbilder der Autorität.[138]

Sehen wir uns diese Götzen einmal im Einzelnen an!

Die *idola tribus*, die Vorurteile der Gattung, haben ihren Grund in der menschlichen Natur; sie ergeben sich aus dem Wesen des Menschen im Allgemeinen. Wir haben es bei ihnen demnach mit Vorurteilen zu tun, die nicht individuell gefärbt, sondern die allgemein menschlich sind. Die Frage ist: An was denkt Bacon dabei konkret? Nun, zunächst einmal stellt er heraus, es sei eine von den Menschen insgesamt geteilte, jedoch falsche Annahme, unsere Sinne seien der Maßstab aller Dinge. Wie selbstverständlich gehen wir davon aus, wir müssten nur unsere Sinne offen halten und schon spiegele sich die Welt in unserem Kopf. Befangen in diesem Vorurteil, geben wir uns recht naiv dem Glauben hin, unsere Sinne lieferten uns ein objektives Bild der Welt. Davon jedoch kann nach Bacons Überzeugung keine Rede sein. Alle Vorstellungen, so sagt er, und zwar sowohl sinnliche als auch geistige, sind der Beschaffenheit des Beobachters analog, nicht der des Weltalls. Unser Geist spiegelt demzufolge nicht die objektive Ordnung der Dinge einfach wider, vielmehr gleicht er einem „unebenen Spiegel", der die Wahrnehmungen immer schon auf eine ihm spezifische Weise bricht, sie eben dadurch aber verzerrt und verfälscht. Das zeigt sich beispielsweise darin, dass unser Geist bei den Dingen und Ereignissen, die er auffasst, eine größere Ordnung und Gleichheit voraussetzt, als tatsächlich darin zu finden ist. (Diese Einsicht wird, daran sei noch einmal erinnert, von der modernen Gestaltpsychologie bestätigt, deren Erkenntnissen zufolge unsere Wahrnehmung die Neigung besitzt, Ganzheiten und Muster zu bilden, indem sie unvollständige Konturen ergänzt und verschiedene Schlüsselreize zu einem Ganzen integriert, so dass das Wahrgenommene eine „gute Gestalt" ergibt.) So erdichtet unser Geist, um Beispiele aus dem Gebiet der Naturforschung zur Zeit Bacons zu bemühen, gern Parallelen und korrespondierende Verhältnisse: So glaubt er etwa, die Himmelskörper müssten sich auf vollkommenen Kreisbahnen bewegen, oder er stellt das Feuer den drei übrigen Elementen Wasser, Luft und Erde an die Seite, damit die – mythisch besetzte – Vierzahl voll wird. Und hat unser Geist – verführt durch solche Vorurteile – erst einmal an etwas Gefallen gefunden, weil er es so angenommen hat oder es ihm Vergnügen bereitet, presst er alles Übrige gewaltsam in seine Theorien, bis es zu ihnen passt. Und wenn es für die Annahme des Gegenteils viel bessere Gründe gibt, übersieht er sie geflissentlich, verkennt, geblendet durch seine eigenen Annahmen und Vorurteile, ihren Wert oder schafft sie mit spitzfindiger Argumentation beiseite. Und das alles nur, um die erste Annahme ungeschmälert aufrechterhalten zu können!

Auf diese Weise betrügt sich unser Verstand gern selbst. Zudem wird er vorzugsweise von dem angesprochen, was plötzlich das Gemüt ergreift und erschüttert und von dem die Phantasie erfüllt wird. Und ist die erst einmal gereizt, dann fabelt und dichtet unser Verstand das hinzu, was zu dem wenigen, was er in Wirklichkeit weiß, am besten passt. Überhaupt wird er allein schon durch die Stumpfheit, Unzulänglichkeit und den Trug der Sinne in die Irre geführt. Unsere Sinne, gibt Bacon zu bedenken, sind alles andere als verlässliche Erkenntnisorgane. Vielmehr sind sie schwach und schwankend, und alle Instrumente, mit deren Hilfe man sie zu schärfen versucht, richten seines Erachtens nicht sonderlich viel aus. Das hat am Ende zwei fatale Auswirkungen. Zum ersten überstrahlt das, was den Sinnen begegnet, alles Übrige, und sei dies auch noch so wichtig. Dadurch gelangt das Denken oftmals kaum über die Anschauung hinaus, was eine von vornherein reduzierte Erkenntnis zur Folge hat. Und zum zweiten liefern uns unsere Sinne eben aufgrund ihrer Organisation ein immer schon verzerrtes und verfälschtes Bild der Welt, so dass auch deswegen keine wirklichkeitsadäquate Erkenntnis zu erwarten ist.

Nach all dem liegt für Bacon auf der Hand, dass unser Verstand beileibe kein „reines Licht" ist. Schon die Sinne liefern ihm, bedingt durch ihre Ausstattung, in spezifischer Weise bearbeitetes Material. Überdies trüben ihn Phantasie, Eigensinn und Affekte. Daher braucht man sich nicht zu wundern, dass der Mensch, wie sich immer wieder deutlich zeigt, nur zu gern das glaubt, was er glauben will. „So übergeht er", betont Bacon, „das Schwierige, weil er beim Untersuchen die Geduld verliert; das Nüchterne, weil es seine Hoffnungen beengt; die tiefere Naturforschung, wegen seines Aberglaubens; das Licht der Erfahrung aus Hochmut und Anmaßung, damit es nicht scheine, dass er seinen Geist mit gewöhnlichen, geringfügigen Dingen beschäftige; ungewöhnliche Ansichten endlich wegen der herrschenden Meinung; kurz, auf unendliche und oft unmerkliche Weise überwältigen und vergiften unsre Neigungen die klare Ansicht."[139] Und so können wir festhalten: Unsere Gattungsnatur selbst bringt es mit sich, dass unser Geist leicht, allzu leicht, beeinflusst, manipuliert und verführt werden kann.

Verschärft wird die Lage durch die zweite Gruppe von Vorurteilen: diejenigen des Standpunkts, der „Höhle" (*idola specus*). Nicht genug damit, dass wir in den soeben herausgestellten Hinsichten Gefangene unseres Gattungscharakters sind, wir finden uns darüber hinaus in unserer eigenen Höhle eingesperrt: Jeder von uns denkt, erkennt und urteilt gemäß seinen individuellen Eigenschaften, seiner persönlichen Anlage, seinem eigenen Standpunkt, seinem besonderen Gesichtspunkt, spiegelt die Welt gemäß seinem „point de vue", wie Leibniz später sagen wird. Dieser je individuelle Standpunkt liegt teils in der spezifischen Natur jedes Einzelnen, teils wird er durch Erziehung und Umgang mit anderen Menschen erworben, teils durch die Beschäftigung mit den Schriften und dem „Nachbeten" verehrter Autoren. Außerdem kann er je nach Laune wechseln, mal hierhin ausschlagen, dann wieder in eine andere Richtung. Auch in dieser Hinsicht erweist sich unser Geist als ein – mit Bacons Worten gesagt – „unbeständiges, schwankendes, vom Zufalle abhängendes Wesen".[140] Konkret äußert sich die Standpunktabhängigkeit unserer Ansichten und Urteile beispielsweise darin, dass mancher in den Dingen zu viele Ähnlichkeiten wahrnimmt, ein anderer dagegen zu wenige. Beide aber gleichen sich darin, dass ihre Wahrnehmung extrem ist und sie letzten Endes gehaltlosen Schattenbildern nachjagen. Oder, um ein anderes Beispiel zu bemühen: Mancher bevorzugt die Ansichten der alten Welt und verschmäht die Erkenntnisse der neuen. Bei wieder anderen verhält es sich genau umgekehrt: Sie betrachten die Einsichten der Alten mit herablassender Geringschätzung und verfechten mit Vehemenz einzig die neuen Erkenntnisse. Auch hier verführt uns unser individueller Standpunkt gern dazu, gar nicht erst nach einem Mittelweg zu suchen.

Für die schwerwiegendsten aller Vorurteile hält Bacon diejenigen der Gesellschaft, die Götzen des Marktes. Diese *idola fori* sind die Vorurteile der öffentlichen Meinung, die sich mittels der Sprache in unsere Seele schleichen. Die Betrachtung dieser dritten Gruppe von Vorurteilsgötzen und Trugbildern zielt damit im Kern auf Sprachkritik. Bacon steht klar vor Augen, dass und wie Sprache eingesetzt werden kann und im gesellschaftlichen Verkehr tatsächlich auch eingesetzt wird, um unsere Meinungen, Ansichten und Überzeugungen zu formen und zu beeinflussen. Und zwar geschieht dies, wie Bacon wohl mit kritischem Seitenblick auf scholastische Traditionen sagt, bereits durch Definitionen, denn die eignen sich trefflich dazu, die Dinge selbst zu verstellen und an ihre Stelle Wörter zu setzen, die auf zweifache Weise Vorurteile erzeugen. Zum einen können sie Dinge bezeichnen, die gar nicht existieren. Hierbei denkt Bacon an Phantasiegebilde, denen keinerlei Realität entspricht. Als Beispiele führt er etwa die Planetenkreise und das Element des Feuers an. Zum anderen können Wörter wirkliche Dinge bezeichnen. Aber oftmals handelt es sich bei ihnen um Bezeichnungen, die verworren, unbestimmt, flüchtig und unregelmäßig von den Dingen abstrahiert worden sind. Dadurch setzen sie das Denken auf eine bestimmte Schiene, so dass Alternativen, das heißt andere Sichtweisen und Urteilsmöglichkeiten, erst gar nicht mehr in den Blick gelangen können. Auf solche Weise verstellt uns die Sprache den unvoreingenommenen Blick auf die Welt und die Sachverhalte. Sie selbst erzeugt Weltbilder und transportiert Vorurteile, die sich im öffentlichen Raum Geltung zu verschaffen versuchen.

Abschließend müssen noch die Vorurteile des Theaters, der Autorität (*idola theatri*) in Augenschein genommen werden. Sie, so stellt Bacon heraus, sind weder angeboren noch dem Verstand eingeflößt worden, ohne dass wir es gemerkt hätten. Bei ihnen handelt es sich vielmehr um all diejenigen Vorurteile, die uns durch Überlieferung, blinden Glauben, Nachlässigkeit des Denkens, theoretische Fabeleien und verdrehte Beweismethoden beigebracht worden sind. Diese Vorurteile der Bühne, des Theaters, diese „Fabeln und Spiele einer erdichteten Theaterwelt" sind sehr zahlreich. Zu ihnen rechnet Bacon die falschen Theorien der „disputiersüchtigen Scholastik", die bis in seine Zeit die philosophisch-theologische Szenerie beherrscht hat, ferner all jene philosophischen Systeme, die zwar antraten, Welt und Natur zu erkennen und zu erklären, ihr Anliegen aber dadurch konterkarierten, dass sie nicht empirisch-experimentell arbeiteten oder – falls doch – sich mit wenigen Versuchen zufrieden gaben oder eine Einmischung der Theologie zuließen und dem Aberglauben verfielen. Für sie alle gilt gleichermaßen: „der Geist wird dadurch bequem und von tieferer Forschung abgezogen".[141] Aber gerade auf die Naturwissenschaft kommt nach Bacon alles an, trägt doch in erster Linie sie in erheblichem Maße dadurch zur „Beförderung des Menschenwohles" bei, dass sie die Gesetzmäßigkeiten der Natur erkennt, so dass die Natur dereinst, wie Bacon hoffte, zur Verbesserung der menschlichen Lebensbedingungen umgestaltet werden kann. Zuvor jedoch müssen die Götzen der Bühne zerschlagen, muss jeder autoritär gestützte Dogmatismus, der die Ratio vernebelt, in einem ersten Schritt als solcher namhaft gemacht und in einem zweiten dann beiseite geräumt werden. Erst dann – davon ist Bacon zutiefst überzeugt – können die Weichen in Richtung einer neuen, hellen Menschenzukunft gestellt werden.

Zwar war sich Bacon darüber im Klaren, dass damit nicht zugleich sämtliche Vorurteile, die von den drei anderen Götzen erzeugt werden, aus der Welt geräumt sind. Aber allein schon der Umstand, so wird er sich gedacht haben, dass man sich eingehend mit ihnen beschäftigt, ihre Funktionsweise kennt und sich ihrer außerordentlich weitreichenden Wirkungen bewusst ist, lässt uns im Umgang mit ihnen vorsichtiger werden. Das aber beugt bereits der Gefahr der Verführung und Manipulation vor.

Der Intellekt als Werkzeug unbewusster Willensregungen: Arthur Schopenhauer

Zu unserem alltäglichen Selbstbild gehört es, dass jeder von uns meint, er oder sie sei mehr oder weniger resistent gegen Beeinflussung und Manipulation. Für Schopenhauer hat dieser Sachverhalt ganz entscheidend damit zu tun, dass wir Abendländer – sowie überhaupt die westlichen Zivilisationen und die von ihnen beeinflussten Gesellschaften – von einem ganz bestimmten Menschenbild verführt werden, einem Menschenbild, demzufolge wir uns als vernünftige Wesen begreifen, die über einen weitgehend freien Willen verfügen. An diesem

Menschenbild hat zunächst Schopenhauer – und zwar bereits zu Beginn des 19. Jahrhunderts – entscheidende Korrekturen vorgenommen. Diese Korrekturen verlangen uns ein Umdenken hinsichtlich des Verhältnisses von Wille und Intellekt ab. Aristoteles war es seinerzeit, der – wie wir bereits gehört habe – die Formel prägte, der Mensch sei das „zoon logon echon", das heißt dasjenige Lebewesen, das über Vernunft – und daran gekoppelt über Sprache – verfüge. In der lateinischen Fassung, der Mensch sei das „animal rationale", das vernünftige Lebewesen, fand ein Selbstbild Ausdruck, das die abendländische Welt nachhaltig und tief geprägt hat. Vernunft, Intellekt, Geist, so lautete die Devise, seien das Primäre im Menschen, das Triebhafte, Instinktive und Affektive das Nachrangige, Sekundäre. Daran geknüpft war die Auffassung, mit Hilfe seiner Vernunft, seines Intellekts, seines Geistes sei der Mensch in der Lage, sein Triebleben, seine Affekte, seine Leidenschaften in den Griff zu bekommen. Die antike Philosophenschule der Stoiker drückte dieses Verhältnis von Vernunft und Affekten mit der Formel aus, der Logos sei das „Hegemonikon" der Affekte, die Vernunft sei also das Leitende, das Führende im Menschen.

Weit gefehlt, meinte nun Schopenhauer und nahm einen fundamentalen Perspektivenwechsel vor: Keineswegs leitet, führt oder beherrscht die Vernunft die Affekte, Triebe und Leidenschaften. Keineswegs spielt sie im Konzert unserer Seelenkräfte die erste Geige. Vielmehr verhält es sich genau umgekehrt: Das Triebhafte, die Wünsche, die Suche, ja die Sucht nach Lustgewinn und Bedürfnisbefriedigung sind das Primäre im Menschen, sind die dominierenden Kräfte in der Psyche; das Vernünftige, Logische sowie die daran gekoppelte Erkenntnis der Außenwelt sind nur sekundär, nachrangig, abgeleitet. Das Fundament des Menschen, so wird Schopenhauer nicht müde, uns immer wieder einzuschärfen, ist das Triebhafte, aus dem heraus sich fortwährend Bedürfnisse und Wünsche entwickeln. Das, was wir als Bewusstsein bezeichnen, als Wahrnehmung und Erkenntnis der Realität, als Vernunft und Intellekt – all das ist dem Triebhaften eindeutig nachgeordnet. Freud, nachhaltig beeinflusst von diesem Perspektivenwechsel, wird später ganz in diesem Sinne sagen, das primäre Ich sei das von Trieben, Bedürfnissen, Willensregungen, Wünschen und Leidenschaften bestimmte Ich. Mit der für ihn typischen Begrifflichkeit, die es bekanntlich zu beträchtlichem Ruhm gebracht hat, gesprochen: Die primäre Schicht im Menschen ist das Es. Das bewusste, vernünftige, auf Realitätserkenntnis gerichtete Ich stellt demgegenüber eine nur sekundäre Instanz dar. Die Konsequenz aus diesem Perspektivenwechsel liegt auf der Hand: Gemessen an unseren Trieben, Wünschen, Willensregungen und Leidenschaften ist unser bewusstes Ich, unsere Vernunft, unser Intellekt, unser Geist weitgehend machtlos. Die Machtverhältnisse in unserem Seelenhaushalt werden damit geradezu dramatisch verschoben: Nicht die Vernunft ist das „Hegemonikon" der Affekte und Begierden, sondern umgekehrt: Die Affekte und Begierden bedienen sich der Vernunft, um ihre Ziele, Wünsche und Absichten rascher und effizienter realisieren zu können.

Bereits 1818, als Schopenhauers Hauptwerk *Die Welt als Wille und Vorstellung* erschien, glaubte Schopenhauer Belege für seine Auffassung in der Entwicklungsgeschichte des Lebendigen, insbesondere in der des Menschen gefunden zu haben. Gemäß der in dem genannten Werk entfalteten Philosophie des Willens werden ausnahmslos alle Vorgänge in der Natur von dem gesteuert, was Schopenhauer den „Willen zum Leben" nennt. Auf den untersten Stufen der Entwicklungsreihe wirkt der Wille als blinde, dumpfe – und das heißt: erkenntnislose – Kraft. In diesen unteren Bereichen erhalten sich die Lebewesen, indem sie sich, auf Reize reagierend, die notwendige Nahrung einverleiben. Mit fortschreitender Entwicklung tritt die Individualität der Lebewesen immer deutlicher hervor, bis sie im Menschen ihren bisher höchsten Ausprägungsgrad erreicht. Dabei wird auch die zur Selbsterhaltung unabdingbare Nahrung eine speziellere. Zudem kann auf dieser hohen Entwicklungsstufe der Eintritt eines Reizes nicht abgewartet werden – die Häufigkeit der auf Reize erfolgenden Nahrungsaufnahme wäre nämlich zu gering. Also muss das höhere Lebewesen seine Nahrung selbst aufsuchen und auswählen. Zu diesem Zweck hat der Wille zum Leben differenzierte Erkenntnisstrukturen hervorgebracht, hat er sich im Laufe der Evolution einen Intellekt geschaffen. Von dieser Warte aus betrachtet ist der Intellekt zunächst einmal ein bloßes Hilfsmittel zur Erhaltung des Individuums und der Art wie jedes andere Körperorgan auch. Unser Intellekt, unsere Erkenntnisstrukturen wären demnach biologisch bedingt: Ihnen käme vor allem die Funktion zu, die Erhaltung des Menschen sicherzustellen. Für Schopenhauer bildet demzufolge der Wille zum Leben die Basis des Psychischen. Intellekt, Vernunft, Geist und Bewusstsein entstammen beziehungsweise entspringen diesem Willen. (Das bewusste Ich, wird Freud später schreiben, ist aus der Rindenschicht des Es entsprossen.) So gesehen handelt es sich bei Bewusstsein, Intellekt und Geist um etwas entwicklungsgeschichtlich Späteres, Sekundäres.

Unter dynamischem Gesichtspunkt bedeutet das: Alle Energie, Kraft und Bewegung des Lebens leitet sich aus dem Willen zum Leben als der primären Instanz ab. Intellekt, Vernunft und Geist beziehen all ihre Kraft ganz und gar aus dieser Basisschicht der menschlichen Natur; sie sind von ihr abhängig. Die Sphäre des Rationalen, Kognitiven, Bewussten besitzt also keinerlei Autonomie; sie ist nichts Selbstständiges, nichts, was auch unabhängig von der Basisschicht für sich existieren könnte. Vielmehr handelt es sich bei ihr um eine Art Derivat, um eine Ableitung, um etwas, das aus dem Willen, der kraftvollen Triebschicht, hervorgegangen ist. Zur Kennzeichnung dieses Verhältnisses von Wille und Intellekt hat Schopenhauer einmal die Metapher verwendet, der Wille sei der Herr im Haus und der Intellekt dessen Diener und Sklave. (Auch dieses Bild hat Freud aufgegriffen und es auf die griffige und viel zitierte Formel gebracht, das bewusste Ich sei nicht einmal Herr im eigenen Haus.)

Versuchen wir nun von hier aus Antworten auf die Fragen zu finden, wieso unser Geist so oft und so gern schwach wird und wieso Intellekt und Vernunft so leicht zu beeinflussen sind? Für Schopenhauer liegt die Erklärung auf der Hand: Das liegt daran, so behauptet er, dass Intellekt und Vernunft auch hinsichtlich ihrer Leistungsfähigkeit als Erkenntnisorgane sekundär sind. Als evolutionäres Produkt des Willens, das will Schopenhauer uns damit sagen, fungieren Vernunft und Intellekt auch dann noch als Werkzeuge von Willensregungen – und zwar auch und gerade von Willensregungen, die uns selbst nicht bewusst sind –, wenn sie meinen, sie seien über die Ansprüche und Anfechtungen der Bedürfnisse, Wünsche, Leidenschaften, Affekte und Triebe erhaben.

Ohne Zweifel hat Schopenhauer damit eine extrem aufreizende These formuliert. Mit einer Fülle von Beispielen hat er sie zu illustrieren versucht. Insbesondere das 19. Kapitel des zweiten Bands von *Die Welt als Wille und Vorstellung*, dem er den bezeichnenden Titel *Vom Primat des Willens im Selbstbewußtsein* gegeben hat, ist diesbezüglich eine wahre Fundgrube.[142] Der störende, ja immer wieder auch dominierende Einfluss des Willens auf den Intellekt zeigt sich beispielsweise, wie Schopenhauer erklärt, darin, dass unser Denken allmählich durch unsere Neigungen verfälscht wird. Nehmen wir etwa die Phänomene Hoffnung und Furcht näher in Augenschein, so wird rasch ersichtlich, dass die Hoffnung uns das, was wir uns wünschen, die Furcht das, was wir fürchten, als wahrscheinlich und kurz bevorstehend erscheinen lässt. Auf diese Weise aber vergrößern beide den Gegenstand, auf den sie sich richten – und genau dadurch verfälschen sie ihn. Das Wesen der Hoffnung besteht für Schopenhauer darin, dass der Wille seinen Diener, den Intellekt, wenn es diesem nicht gelingt, das Gewünschte herbeizuschaffen, nötigt, es ihm wenigstens vorzugaukeln. Auf diese Weise zwingt der Wille den Intellekt, die „Rolle des Trösters" zu übernehmen, will sagen, „seinen Herrn, wie das Amme das Kind, mit Märchen zu beschwichtigen" und diese so aufzustutzen, dass man sie für wahr halten kann.[143] Dadurch aber wird der Intellekt, der seiner Natur nach, wie Schopenhauer meint, durchaus auf Wahrheit aus ist, geradezu vergewaltigt. Denn er wird ja gezwungen, Sachverhalte, die weder wahr noch wahrscheinlich, ja oftmals kaum möglich sind, wider besseres Wissen für wahr zu halten. Nur so nämlich kann er die Neigungen – und das heißt ja: den letzten Endes unbändigen Willen zum Leben – beschwichtigen, beruhigen und für eine Weile einschläfern.

Nehmen wir eine weitere Situation in Augenschein, die wir wohl alle kennen dürften: Eine für uns wichtige Angelegenheit lässt mehrere Entwicklungen zu. Wie gewöhnlich glaubt man, die Sachlage über-

Der Intellekt als Werkzeug: Schopenhauer 159

blicken zu können, sie „im Griff zu haben", wie es so schön heißt. Dennoch kann es passieren – und es passiert alle Tage –, dass die Angelegenheit einen anderen Verlauf nimmt, von dem wir völlig überrascht werden. Und wir fragen uns: Wie konnte das geschehen? Wir waren doch sicher, die Lage unter Kontrolle zu haben. Schopenhauer erklärt das so: Wir haben nicht darauf geachtet, dass der tatsächliche Ausgang der Geschichte der für uns ungünstigste war. Der Intellekt wähnte sich sicher, alle Möglichkeiten vollständig zu überschauen. Diese Sicherheit war jedoch trügerisch, denn der für uns schlimmste Fall blieb dem Intellekt verborgen. Und das rührt nach Schopenhauer daher, dass der Wille ihn gleichsam verdeckt hielt, ihn nicht in die Helle des Bewusstseins vordringen ließ. Das aber bedeutet, der Wille hat den Intellekt in einem Maße ausgeschaltet, dass dieser von vornherein nicht fähig war, den allerschlimmsten Fall ins Auge zu fassen und sich entsprechend darauf vorzubereiten. Die Verfälschung, so kann man vielleicht sagen, entspringt hier aus dem Bedürfnis nach vorbeugendem Selbstschutz.

Aus Erfahrungen, so weiß der Volksmund, wird man klug. Das gilt, wie Schopenhauer versichert, auch im vorliegenden Fall. Aber wohin führt das am Ende? Nun, bei Menschen, die aufgrund von Erfahrungen, wie den soeben geschilderten, klüger geworden sind, kann sich das Problem geradezu umkehren. Das geschieht laut Schopenhauer vor allem bei entschieden melancholischen Gemütern. Bei ihnen spielt die Besorgnis die Rolle, die sonst der Hoffnung zukommt. Solche Menschen versetzt der erste Anschein von Gefahr in grundlose Angst. Beginnt der Intellekt damit, die Sache nüchtern-rational, kühl kalkulierend zu untersuchen, so wird er als inkompetent, ja geradezu als betrügerischer Sophist abgewiesen, der einen in Ruhe und Sicherheit wiegen will, obwohl es allen Grund zur Furcht gibt. In einem solchen Fall verleitet uns der Wille dazu, „dem Herzen zu glauben", wie eine volkstümliche Redewendung lautet. Ja, damit noch nicht genug! Dessen Verzagen wird jetzt geradezu als Argument für die Realität und die Größe der drohenden Gefahr in Anschlag gebracht. Das Resultat ist: Die guten Gegengründe darf der Intellekt erst gar nicht suchen, geschweige denn vorbringen. Auf diese Weise wird er genötigt, sogleich den ungünstigsten Ausgang in Betracht zu ziehen. Und das gilt nach Schopenhauers Überzeugung selbst dann, wenn der Intellekt selbst ihn kaum als möglich denken kann.

Aber nicht nur Hoffnung, Furcht und Besorgnis manipulieren und verfälschen unsere Urteile. In womöglich noch stärkerem Maße gilt das auch für Liebe und Hass. Deutlich wird das an ganz simplen und alltäglichen Beispielen. An denjenigen, die wir hassen, sehen wir nur Fehler. An ihnen lassen wir für gewöhnlich kein gutes Haar. An denen hingegen, die wir lieben, nehmen wir nur Vorzüge wahr. Und selbst ihre Fehler erscheinen uns als liebenswert.

Eine ähnlich geheime Macht über unser Urteil übt der Vorteil aus, den man bei einer Sache zu gewinnen hofft. Was mir einen Vorteil verschafft, das erscheint mir als nur billig, gerecht und vernünftig. All das jedoch, was meinem Vorteil zuwiderläuft, stellt sich mir „im vollen Ernst als ungerecht und abscheulich oder zweckwidrig und absurd dar".[144] Daher, so betont Schopenhauer, rühre es, dass es so viele Vorurteile des Standes, des Gewerbes, der Nation, der Sekte und der Religion gebe. Denn eine einmal gefasste und von der Triebschicht akzeptierte Hypothese gibt uns, wie Schopenhauer schreibt, „Luchsaugen für alles sie Bestätigende und macht uns blind für alles ihr Widersprechende".[145] Einen kleinen, aber gleichwohl sehr sprechenden Beleg dafür liefert, wie Schopenhauer hinzusetzt, die Erfahrung, dass wir uns bei Rechnungen viel häufiger zu unserem Vorteil als zu unserem Nachteil verrechnen. In der Regel passiert das ohne Absicht. Hier ist ein unbewusster Hang am Werk, unser Soll zu verkleinern und unser Haben zu vergrößern. Bei diesem Beispiel hat Schopenhauer wohl die Erfahrungen verwertet, die er als Spross einer wohlhabenden Kaufmannsfamilie und als Lehrling im Kaufmannsgewerbe gesammelt hat ...

Abgerundet werden seine Ausführungen über das heikle Zusammenspiel von Wille und Intellekt durch den Hinweis auf einen weiteren Aspekt. Die allgemeine Lebenserfahrung nämlich zeigt: Sobald Menschen, die gemeinhin als redlich gelten, einen Vorteil für sich wittern, ist von ihnen keine Aufrichtigkeit mehr zu erwarten. Nach

Schopenhauers Ansicht können wir das leicht bei uns selbst feststellen: So belügen wir uns oft selbst, wenn der Argwohn uns quält oder die Eitelkeit uns schmeichelt, wenn irgendeine Vermutung uns verblendet oder ein naheliegender kleiner Zweck einen größeren, aber entfernteren in den Hintergrund treten lässt. Kurz und gut, wie Schopenhauer zusammenfassend festhält: „Was dem Herzen widerstrebt, lässt der Kopf nicht ein." Und dann fügt er noch hinzu: „Manche Irrtümer halten wir unser Leben hindurch fest und hüten uns, jemals ihren Grund zu prüfen, bloß aus einer uns selber unbewussten Furcht, die Entdeckung machen zu können, dass wir so lange und so oft das Falsche geglaubt und behauptet haben."[146] (Hiermit ist, nebenbei gesagt, treffend dasjenige Phänomen beschrieben, das unter der Bezeichnung „Lebenslüge" geläufig ist.) Und als Fazit für den alltäglichen Umgang mit uns selbst gibt er uns die Erkenntnis an die Hand: „So wird denn täglich unser Intellekt durch die Gaukeleien der Neigung betört und bestochen."[147]

Zu all den hier aufgelisteten Verführungen des Geistes durch uns überwiegend unbewusste Willensregungen tritt bei Schopenhauer noch ein weiteres Moment hinzu. Selbst wenn unser Intellekt störungsfrei funktioniert und er – ausnahmsweise – einmal nicht Sklave des Willens ist, bleibt er abhängig. Denn damit er überhaupt etwas erkennen kann, ist unser Intellekt zur Gewinnung seines Materials, seiner Inhalte, in nicht unerheblichem Maß auf die sinnliche Wahrnehmung angewiesen. Aber in eben dieser liegen, wie die Ergebnisse wahrnehmungspsychologischer und sinnesphysiologischer Forschungen uns zeigen, viele Fehlerquellen. Der Intellekt, so kann man sagen, bekommt also teilweise verfälschte Daten geliefert, aus denen er dann Schlüsse zu ziehen und Erkenntnisse zu gewinnen versucht. Kein Wunder also, dass er oft unzutreffende Urteile fällt und falsche Schlüsse zieht!

In direktem Zusammenhang damit steht ein weiterer Sachverhalt. Schopenhauer betont die – in einem biologisch grundlegenden Sinn – lebensnotwendige Funktion unseres Intellekts. Aber wir Menschen sind, wie natürlich auch Schopenhauer weiß, nicht nur zu Verstandeserkenntnis in der Lage. Wir verfügen auch über Reflexionsfähigkeit und Abstraktionsvermögen. Für Schopenhauer sind das Leistungen der Vernunft. Mit Hilfe dieser Vernunft sind wir zur Besonnenheit fähig: Wir können uns selbst zum Gegenstand des Erkennens, des Nachdenkens machen, wir können uns selbst reflektieren, uns gleichsam beim Denken zuschauen. Und: Die Vernunft versetzt uns, wie Schopenhauer hervorhebt, in die Lage, Zukunft und Vergangenheit zu überblicken, unser Handeln über den gegenwärtigen Augenblick hinaus zu planen und uns Rechenschaft über unsere eigenen Willensakte zu geben. Das alles scheint auf den ersten Blick durchaus erfreulich zu sein. Aber die ganze Angelegenheit hat eine unangenehme Kehrseite: Mit der Vernunft – wie überhaupt mit unseren Erkenntniskräften – wird zugleich der Irrtum möglich. Dadurch, dass wir über uns selbst nachdenken können, wird uns auch die Möglichkeit eröffnet, uns selbst zu betrügen. Die Sicherheit und Untrüglichkeit der Willensäußerungen, die sich auf niedrigeren Stufen der Evolutionstreppe feststellen lässt, geht beim Menschen mit der Vernunft fast ganz verloren. „Der Instinkt", so Schopenhauer wörtlich, „tritt völlig zurück, die Überlegung, welche jetzt alles ersetzen soll, gebiert [...] Schwanken und Unsicherheit: der Irrtum wird möglich."[148] Demnach hätten wir einen hohen Preis dafür gezahlt, dass wir uns auf das evolutionäre Wagnis der Vernunft eingelassen haben ...

Für Schopenhauer ergibt sich all dies ganz konsequent aus der dem Willen zum Leben dienstbaren Funktion von Intellekt und Vernunft. Da unser Erkenntnisvermögen, so seine Argumentation, vom Willen zum Leben im Zuge einer evolutionären Aufwärtsentwicklung hervorgebracht worden ist, um diesem Willen dienstbar zu sein, gehört es zu den Aufgaben des Intellekts, dem Willen beständig neue Motive vorzugaukeln, damit dieser in seinem endlosen Drang nach Leben befriedigt werden kann. So ist unser Intellekt nicht nur ein Verführter; er ist auch ein Verführer, stellt er unserem Willen doch immer wieder neue Dinge vor Augen, die es angeblich zu erstreben lohnt.

Können wir diesen Mechanismus anhalten, können wir diesen Teufelskreis durchbrechen? Nach Schopenhauer können wir es nicht nur nicht, wir sollten es tunlichst auch erst gar nicht versuchen. Denn die Konsequenz wäre, dass der Lebensprozess ins Stocken geriete und am Ende ganz zum Stillstand käme. Das aber wäre freilich fatal. So müssen wir uns wohl notgedrungen mit der Einsicht anfreunden, dass es eben der geschilderte Mechanismus ist, der uns am Leben erhält. Unsere Verführbarkeit ist der Preis, den wir dafür zu zahlen haben.

Von lebensdienlichen Irrtümern und dem Willen des Geistes, sich täuschen zu lassen: Friedrich Nietzsche

Nietzsches Perspektivenlehre der Affekte mündet in die These, unser Intellekt, auf den wir uns für gewöhnlich einiges einbilden, sei in erster Linie gar kein Instrument der (Welt-)Erkenntnis, sondern ein im Dienst der Erhaltung des Individuums stehendes Werkzeug des Vereinfachens, des Übersichtlichmachens, des Schaffens von Illusionen und Irrtümern, kurz: des Verfälschens. Die Welt theoretisch zu durchdringen, so dass Wahrheit erfasst würde – für diesen Zweck hält Nietzsche den Intellekt für wenig geeignet, ja dafür taugt er seiner Ansicht nach am allerwenigsten.

Wahrheiten werden traditionell in Urteilen ausgesagt. Ein Urteil, so lautet die Aristotelische Bestimmung, sagt etwas über etwas aus. Nietzsche ist zutiefst überzeugt, solche Urteile seien nur möglich unter der Voraussetzung einer von uns schematisierten, logisierten, also „zurechtgemachten" Welt. Identische Fälle und gleichlaufende Prozesse kann es, wie wir bereits gehört haben, in einer Welt des Werdens, einer Welt permanenter Veränderungen nicht geben; für Nietzsche sind sie Resultate der täuschenden Tätigkeit des Intellekts. Folglich gründet für ihn die Wahrheit von Urteilen auf Trugbildern. In einer Nachlassaufzeichnung hat Nietzsche festgehalten: „Das Urtheil, das ist der Glaube: ‚dies und dies ist so'. Also steckt im Urtheil das Geständniß, einem identischen Fall begegnet zu sein: es setzt also Vergleichung voraus, mit Hülfe des Gedächtnisses [...], es arbeitet unter der Voraussetzung, daß es überhaupt identische Fälle giebt [...]. Bevor geurtheilt wird, muß der Prozeß der Assimilation schon gethan sein."[149]

In der Folge ersetzt Nietzsche die logische Wahrheit von Erkenntnisurteilen durch den Glauben an die Wahrheit des Urteils. Und: Die sogenannte Wahrheit von Urteilen hat ihren Wahrheitsgrund im Glauben an Fiktionen – an identische Fälle, gleichlaufende Prozesse, an eine logische Struktur der Welt.

Eine solche Sicht der Dinge provoziert natürlich sofort die Frage: Macht es, aus dieser Perspektive betrachtet, dann überhaupt noch Sinn, von „Wahrheit" zu sprechen? Und was kann unter diesen Voraussetzungen für Nietzsche überhaupt noch „Wahrheit" heißen? Seine Antwort, auch wenn er sie als Frage formuliert, fällt ganz konsequent aus: „Vielleicht eine Art Glaube, welche zur Lebensbedingung geworden ist?"[150]

Erkenntnis und so verstandene Wahrheit stehen im Dienst der Lebenssicherung: das ist eine der Grundthesen von Nietzsches erkenntnistheoretischen Überlegungen, insbesondere seiner späten Jahre. Aus dieser These folgt für ihn eine Umkehrung des Verhältnisses von Irrtum und Wahrheit. Durch unsere Lebensumstände gezwungen, uns in einer Welt des Werdens einrichten zu müssen, halten wir die aufgrund perspektivischer Wertschätzungen geschaffenen Fiktionen und Irrtümer für Wahrheiten, ja mehr noch: um existieren zu können, *müssen* wir sie notgedrungen dafür halten. Damit nun wird eine strikte Scheidung zwischen Wahrheit und Irrtum hinfällig. „Wahrheit,", hält Nietzsche fest, „das bezeichnet innerhalb meiner Denkweise nicht nothwendig einen Gegensatz zum Irrthum, sondern in den grundsätzlichsten Fällen nur eine Stellung verschiedener Irrthümer zueinander."[151]

Der um kühne Thesen nie verlegene Nietzsche geht sogar noch einen Schritt weiter, wenn er Wahrheit als „die Art von Irrthum, ohne welche eine bestimmte Art von lebendigen Wesen nicht leben könnte", verstanden wissen will. Und er setzt hinzu: „Der Werth für das Leben entscheidet zuletzt."[152] Unsere „Wahrheiten" erweisen sich dergestalt als lebensdienliche Irrtümer. Was dem Leben dient, was ihm nützt oder was ihm schadet und abträglich ist, das bestimmt der Wille zur

Macht. Damit ist nicht nur gesagt, dass unser Wille zur Wahrheit sich letzten Endes als ein spezifischer Wille zur Macht erweist. Bezieht man Nietzsches Perspektivenlehre der Affekte in seine Gedankenführung mit ein, heißt das auch: Mit einer Änderung der Machtkonstellation geht eine Änderung der Perspektiven einher. Das hat nun wiederum zur Folge, dass neue Wahrheiten nötig werden, also neue lebensdienliche Irrtümer.

Vor diesem Hintergrund wird man sich wohl nicht mehr wundern, wenn Nietzsche in *Jenseits von Gut und Böse* in Aphorismus 230 von einer „nicht unbedenkliche[n] Bereitwilligkeit des Geistes" spricht, „andere Geister zu täuschen und sich vor ihnen zu verstellen".[153] Nietzsche hält unseren Intellekt, unseren „Geist", demnach nicht nur nicht für wahrheitsfähig, nein er erklärt ihn geradezu zum Werkzeug der Verstellung und der Täuschung anderer. Nicht allein die lebensdienlichen Irrtümer, mit denen wir uns ständig umgeben, gehören demzufolge zu den Konstitutionsbedingungen des Menschen, sondern auch die Verstellung und der Wille, andere zu täuschen. In seiner 1873 entstandenen, zu seinen Lebzeiten jedoch nicht publizierten Schrift *Ueber Wahrheit und Lüge im aussermoralischen Sinne* bringt er diesen Sachverhalt auf den Punkt: „Im Menschen kommt diese Verstellungskunst auf ihren Gipfel: hier ist die Täuschung, das Schmeicheln, Lügen und Trügen, das Hinter-dem-Rücken-Reden, das Repräsentieren, das im erborgten Glanze Leben, das Maskirtsein, die verhüllende Convention, das Bühnenspiel vor Anderen und vor sich selbst, kurz das fortwährende Herumflattern um die eine Flamme Eitelkeit so sehr die Regel und das Gesetz, dass fast nichts unbegreiflicher ist, als wie unter den Menschen ein ehrlicher und reiner Trieb zur Wahrheit aufkommen konnte."[154] In solcher Verstellung genießt unser Geist, wie Nietzsche in *Jenseits von Gut und Böse* in Aphorismus 230 betont, seine „Masken-Vielfältigkeit und Verschlagenheit". Zudem genießt er auch ein Gefühl der Sicherheit, denn gerade in solcher Verstellung kann man sich am besten verteidigen und verstecken.

Diesem Willen des Geistes, sich zu verstellen und sich selbst und andere zu täuschen, entspricht geradezu symmetrisch die Bereitwilligkeit des Geistes, sich – wenn auch nicht durchgängig, so doch zumindest gelegentlich – täuschen zu lassen. Das geschieht beispielsweise dadurch, dass er nach einfachen Erklärungen sucht. Auf diese Weise reduziert er Komplexität und unterwirft das, was er vorfindet, seiner Gewalt. Ein solches Bestreben, Komplexität zu reduzieren, findet seinen Ausdruck etwa in dem Verfügbarmachen von Welt durch das Erdichten identischer Fälle und gleichlaufender Prozesse, durch die Erzeugung der Illusion, die Welt sei logisch geordnet. Darin beweist sich unser Geist als kraftvoll. Die Kraft eines Geistes nämlich äußert sich für Nietzsche vor allem darin, sich Fremdes anzueignen, das Neue dem Alten anzugleichen, das Mannigfaltige zu vereinfachen und das gänzlich Widersprüchliche zu übersehen oder von sich zu weisen. Das alles zielt letztlich auf Wachstum des Geistes, genauer gesagt: auf das Gefühl des Wachstums, auf das Gefühl vermehrter Kraft. Denn unser Geist meint ja, auf diese Weise die Dinge im Griff zu haben.

Nietzsche – bekannt, wenn nicht gar gefürchtet für seine gedanklichen Winkelzüge, mit deren Hilfe er die Abgründe der menschlichen Psyche auslotet – stößt auch in diesem Kontext auf ein eigenartiges Phänomen. Ein solches Gefühl des Wachstums, eines Mehr an Kraft und Macht, könne, so behauptet er, unser Geist über das soeben betrachtete Verfahren hinaus aus zwei weiteren „Trieben" gewinnen.

Erstens aus dem der bislang beschriebenen Vorgehensweise scheinbar entgegengesetzten Trieb, verfügbares Wissen nicht mehr an sich herankommen zu lassen. Man hat es dabei, wie Nietzsche sagt, mit einem spontanen Entschluss zu tun, etwas einfach nicht mehr wissen zu wollen. Man macht dann gleichsam seine Fenster zu und schließt seine Horizonte ab, wie er mit einer sehr sinnfälligen Metapher formuliert. Man sagt dann rundheraus Ja zu seiner Unwissenheit und heißt sie gut.[155] Dabei handelt es sich offensichtlich um eine spezifische Form der Selbstmanipulation: Man gibt sich zufrieden mit seinen Irrtümern, Vorurteilen, Illusionen und Tagträumen, man lebt in und mit ihnen, man hat sich gut in ihnen eingerichtet, ja genießt sie gar. Auch dadurch hat man in gewisser Weise die Welt im Griff, die Dinge unter

Kontrolle – zumindest hat man das Gefühl, dass es sich so verhält. Und auch wenn sich dieses Gefühl bei genauerer Betrachtung als illusionär erweist, so vermittelt es doch immerhin den Eindruck, man besitze Macht über die Dinge. Den Willen zur Macht wird's freuen.

Zweitens gewinnt unser Geist ein Mehr an Macht – auch wenn das dem ersten Eindruck nach paradox zu sein scheint – aus dem bereits erwähnten gelegentlichen Willen, sich täuschen zu lassen. Manchmal nämlich ist dieser Wille mit einer Ahnung davon verknüpft, dass es sich so, wie man annimmt, gerade *nicht* verhält, aber – und das ist der Clou der Angelegenheit – man lässt es eben so gelten. Offenbar hat man es hierbei mit einer Lust an der Mehrdeutigkeit zu tun: Man genießt eine solche Verführung und Täuschung geradezu. Und genau in diesem Genuss am Schein empfindet sich der Geist als kraft- und machtvoll.

Auf den ersten Blick mag man vielleicht geneigt sein, diese Deutung für extravagant zu halten, extravagant, weil hier die Verführbarkeit des Geistes nicht nur nicht negativ gewertet, sondern geradezu als positiv herausgestellt wird. Aber man sollte dabei bedenken: Innerhalb der Nietzsche'schen Lehre vom Willen zur Macht ist diese Deutung sehr plausibel, kommt es dem Willen zur Macht doch allem zuvor darauf an, zu wachsen, stärker zu werden, mehr Macht anzuhäufen. Und als eines der Mittel dazu bedient er sich eben des Geistes – auch und gerade insofern, als dieser sich allem Anschein nach gelegentlich nur allzu gern verführen lässt. Aber auch unabhängig von Nietzsches Lehre vom Willen zur Macht dürfte seiner Grundthese, unser Geist lasse sich hin und wieder gerne täuschen, verführen und mit Illusionen und Chimären füttern, ein Wahrheitskern wohl kaum abzusprechen sein. So kommt wie schon bei Schopenhauer auch bei Nietzsche heraus: Unser Geist ist alles andere als ein autonomes Vermögen; er steht vielmehr ganz und gar im Dienst des Willens – eines Willens zum Leben bei Schopenhauer, eines Willens zur Macht bei Nietzsche. Er fungiert, kurz gesagt, als Instrument von Wunsch- und Bedürfnisbefriedigung. Und wenn die nur um den Preis der Verführbarkeit zu haben ist – nun, mag unser Geist sich sagen, auch gut.

Wahrnehmungsverweigerung und Nichtbeachtung des Realen: Clément Rosset

Nietzsches feinsinnige Beobachtung, gelegentlich entschließe sich unser Geist geradezu mutwillig dazu, verfügbares Wissen einfach nicht an sich herankommen zu lassen, erfährt in der Philosophie der Gegenwart Unterstützung durch Clément Rossets Analysen, die um den Begriff des Realen kreisen.[156] Rosset, der bis 1998 Philosophie in Nizza lehrte, hebt in seinen Schriften immer wieder die zahlreichen Strategien hervor, sich des Realen zu bemächtigen. Eine dieser Strategien, und zwar eine äußerst wirkungsvolle, ist die sogenannte „Wahrnehmungssperre" oder „Wahrnehmungsverweigerung". Sie läuft auf eine Nichtbeachtung des Realen hinaus, verfährt sie doch so, dass all jene von außen kommenden Informationen, die sich nicht mit den eigenen Erwartungen und Wünschen in Einklang bringen lassen, bewusst ferngehalten und nach Belieben ignoriert werden. Wer zu dieser Strategie greift, sperrt sich mit Vorsatz gegen die Wirklichkeit, die sich ihm aufdrängt. Seine Wahrnehmung verweigert sich der Realität, riegelt sich gegen sie ab und verschließt Augen und Ohren vor ihr.

Rosset steht dieser Fähigkeit des Menschen staunend gegenüber. Für ihn grenzt sie ans „Wunderbare", hat sie „etwas Faszinierendes und Magisches, beinahe Unglaubliches und Übernatürliches". „Es ist", schreibt er, „völlig unbegreiflich, wie der Wahrnehmungsapparat es anstellt, nicht wahrzunehmen, wie das Auge es schafft, nicht zu sehen, das Ohr, nicht zu hören." „Doch", so betont er zugleich, „diese Fähigkeit, oder besser Antifähigkeit gibt es; an ihr ist nichts Ungewöhnliches, sie kann allenthalben beobachtet werden."[157]

Veranschaulichen wir uns diesen Umgang mit der Realität zunächst an einem von Rossets Beispielen. Zwar ist es der Literatur entnommen, doch dürfte der Mechanismus der Realitätsverweigerung, der sich hier offenbart, den meisten von uns aus dem alltäglichen Leben vertraut sein. Rosset bezieht sich auf den Beginn von Prousts Romanzyklus *Auf der Suche nach der verlorenen Zeit*, wo Proust die Gefühle und Reaktionen der Großtante in Combray Swann gegenüber analysiert. Die Großtante weigert sich zu begreifen, dass Swann, ein Freund der Familie, sich – wenn er sich nicht gerade in der Gesellschaft von Combray aufhält – in den höchsten gesellschaftlichen Kreisen bewegt. Dabei sind die Indizien dafür dermaßen zahlreich und erdrückend, dass man sich nur wundern kann, wie es der Großtante gelingt, ihre Realitätsverweigerung durchzuhalten. Doch lassen wir Rosset selbst zu Wort kommen: „Ein regelrechtes Wechselspiel von Botschaften und ironischen Repliken entfaltet sich. Botschaft: Ihr wird berichtet, Swann besitze eine berühmte Gemäldesammlung. Replik der Großtante, an Swann gerichtet: ‚Verstehen Sie denn auch etwas davon? Ich frage nur in Ihrem Interesse, weil Sie sich womöglich von den Händlern wertlose Schmarren aufschwatzen lassen.' Andere Botschaft: Swann habe, wird berichtet, ‚bei einer Prinzessin' gespeist. Replik: ‚Das glaube ich, bei einer Theaterprinzessin!' Dritte Botschaft: Swann sei gut befreundet mit Madame de Villeparisis. Replik der Großtante, an ihre Schwester gerichtet, die ihr die große Neuigkeit überbringt: ‚Was? Sie kennt Swann? Und Du hast behauptet, sie sei eine Kusine des Marschalls MacMahon!' Diese letzte Replik vermittelt einen guten Eindruck, wie unüberwindlich die Mauer ist, die die Großtante vor der Anerkennung der gesellschaftlichen Stellung Swanns schützt: Sie ist umstandslos bereit, jede Person von Rang, von der nicht zu leugnen ist, dass Swann mit ihr Umgang hat, sozusagen aus dem Gotha zu streichen. Eher hätte die Großtante die gesamte europäische Aristokratie zur Bourgeoisie erklärt, als Swann einen höheren sozialen Rang zuzugestehen. Eine Person nach der anderen: zuerst Madame de Villeparisis, dann der Prinz von Wales, der Graf von Paris, und, warum nicht, zur Not auch Marschall MacMahon höchstpersönlich."[158] Hier wird jede Information abgeblockt, die der vorgefassten Meinung entgegensteht. Das Bemerkenswerteste an diesem Phänomen der Wahrnehmungsverweigerung ist jedoch, wie Rosset betont, dass es sich durch Rückkopplung selbst reguliert. Das heißt, abgedichtete, abgeschottete Meinungen, Überzeugungen und dergleichen werden durch Informationen, die ihnen offenkundig widersprechen, nicht nur nicht entkräftet, sondern – im Gegenteil – bestätigt und verstärkt. Das System der Nichtbeachtung des Realen erzeugt notgedrungen permanent Fehler. Aber diese Fehler schwächen es keineswegs, sondern versorgen es geradezu mit neuer Energie, so dass Rosset festhalten kann, das System der Wahrnehmungssperre werde durch die Fehler, die es produziert, überhaupt erst am Laufen gehalten. Um diesen Sachverhalt zu konkretisieren, greift Rosset auf eine einschlägige Erfahrung aus seiner Studienzeit zurück: „Ich erinnere mich", so führt er aus, „an eine Kommilitonin aus meiner Studienzeit, die felsenfest überzeugt war, dass unser Professor sie insgeheim anbetete, trotz der sarkastischen und oft überaus verletzenden Bemerkungen, mit denen er jede ihrer Wortmeldungen abwürgte. Jedes Mal, wenn sie wieder eine solche Abfuhr einzustecken hatte, drehte sie sich mit einem triumphierenden Lächeln zu uns um, als wollte sie uns zu Zeugen machen und uns sagen: ‚Seht doch, ich träume nicht, er liebt mich!'"[159] Jede Nachricht, so macht dieses Beispiel deutlich, und sei sie auch noch so unangenehm, wird, hat die Wahrnehmung der Realität erst einmal den Riegel vorgeschoben, vom Wahrnehmungsverweigerer sogleich in eine weitere Bestätigung für die Richtigkeit seiner Annahme umgewandelt. Mit anderen Worten: Jede dieser Informationen bestärkt den Wahrnehmungsverweigerer in der Gewissheit, dass es sich genauso verhält, wie er aufgrund der Nichtbeachtung des Realen meint.

Rosset akzentuiert selbst, diese Kraft, sich dem Realen zu verweigern, ja es geradezu auszuschalten, sei „zutiefst rätselhaft" und es sei völlig unersichtlich, welche Gegenkraft ihr jemals gewachsen sein könnte.[160] Das hat, wie er anmerkt, fraglos Konsequenzen für die therapeutische Behandlung etwa von Neurosen. Aber das ist nicht unser Thema und sei daher nur am Rande erwähnt. Wichtiger – auch für Rosset – ist die Frage, woher eigentlich dieser Mechanismus der Wahrnehmungssperre rührt. Warum greifen Menschen zu dieser Methode? Was steckt dahinter? Rosset antwortet darauf, dieses Verhalten habe seinen Ursprung vor allem darin, dass die Wirklichkeit für den Betreffenden grausam ist; „die Idee einer hinreichenden Wirklichkeit", die dem betroffenen Menschen jede Möglichkeit zur Distanzierung oder

Zuflucht nimmt, setzt ihn der ständigen Gefahr aus, von unerträglicher Angst heimgesucht zu werden.[161] Ein solcher Mensch befindet sich nach Rossets Dafürhalten in einem schweren Konflikt mit dem Realen. Und er spürt instinktiv oder weiß vielleicht auch aufgrund früherer Erfahrungen, dass eine Anerkennung des Realen seine Kräfte übersteigt, ja möglicherweise sogar seine Existenz gefährdet. Das drängt, ja zwingt ihn zu der Entscheidung, entweder die eigene Partei zu ergreifen oder die des Realen. „Ich oder das Reale", so lautet einzig die Devise.[162] Und um der eigenen psychischen Gesundheit willen erscheint es angeraten, in einem solchen Konfliktfall das Reale nicht zu beachten, sich ihm zu verweigern, es nicht an sich herankommen zu lassen. Aber genau dadurch manipuliert man sich selbst, verführt man sich selbst dazu, etwas für wahr zu halten, das jeglicher Realität widerspricht. Auch in einer solchen Situation ist unser Geist offensichtlich nur zu gern bereit, sich täuschen zu lassen; auch hier will man etwas, das eigentlich offen zutage liegt, einfach nicht wissen, nicht wahrhaben. Man macht dann, wie Nietzsche sagt, seine Fenster zu, schließt seine Horizonte ab.

Innensteuerung durch Moral

Gewissen, Scham und Schuldgefühle

Immanuel Kant unterscheidet in seiner *Metaphysik der Sitten* zwischen „Legalität" und „Moralität". Unter „Legalität" versteht er die Übereinstimmung einer Handlung mit dem (kodifizierten) Gesetz. Legalität wäre demnach Gesetzlichkeit im Sinne eines Verhaltens, das sich an einem vorgegebenen, geschriebenen Gesetz orientiert. Mit „Moralität" meint er Sittlichkeit, das bedeutet die Übereinstimmung des Willens mit dem Sittengesetz oder – wie er auch sagt – die Übereinstimmung einer Handlung mit dem Gesetz, in welcher die Idee der Pflicht aus dem Gesetz zugleich die Triebfeder der Handlung ist. Moralisch wäre eine Handlung demnach dann, wenn sie nicht nur dem Sittengesetz entspricht, sondern aus der Idee der Pflicht selbst entspringt.[163] Mit Legalität ist demzufolge eine Einstellung bezeichnet, die sich in der Hauptsache an *von außen* vorgegebenen Gesetzen und Regeln ausrichtet. Moralität bezieht sich hingegen auf den *Innenbereich* des Individuums, auf – wie Kant sagt – seinen Willen, dem Sittengesetz Genüge zu tun, mithin auf die Gesinnung des Menschen.

Versuchen wir uns diesen Unterschied anhand eines alltäglichen Beispiels vor Augen zu führen. In den meisten Staaten der Welt ist das Autofahren unter Alkoholeinfluss entweder ganz oder ab einer bestimmten Promillegrenze verboten. Dieses Gesetz soll als solches mittels Abschreckung wirken: Derjenige, der dagegen verstößt, hat mit einer Geldstrafe, einem Fahrverbot und einem Eintrag in eine Verkehrssünderkartei zu rechnen. In der Regel halten diese Strafandrohungen uns davon ab, gegen die gesetzliche Vorgabe zu verstoßen. Wir befolgen sie, so könnte man sagen, aus Angst vor negativen Konsequenzen. In einem solchen Fall verhalten wir uns legal.

Es ist aber auch eine andere Einstellung denkbar. Und zwar könnte es doch sein, dass ich vom Sinn einer solchen gesetzlichen Regel zutiefst überzeugt bin. Eine solche Überzeugung könnte sich etwa aus der Erfahrung oder der Einsicht speisen, dass der Alkoholgenuss nicht nur meine Wahrnehmung, sondern auch meine Persönlichkeit temporär verändert, was einen bestimmten, für andere Verkehrsteilnehmer nicht ungefährlichen Fahrstil zur Folge hat. Zudem könnte mir bewusst sein, dass ich durch einen entsprechenden Gesetzesverstoß nicht nur mein Leben gefährde, sondern auch das anderer. Daraus könnte sich für mich die Selbstverpflichtung ergeben, niemals in alkoholisiertem Zustand Auto zu fahren. In einem solchen Fall stelle ich moralische Erwägungen an und lasse mich von ihnen leiten. Erst recht wäre das der Fall, wenn ich im Sinne Kants der Ansicht bin, meine subjektiven Handlungsgrundsätze – meine „Maximen", wie Kant sagt – sollten verallgemeinerungsfähig sein. Dann müsste ich mich fragen, ob, wenn ich es mir zur Maxime mache, betrunken Auto zu fahren, dieser subjektive Handlungsgrundsatz zu einem Gesetz verallgemeinerbar ist. Sehe ich nun ein, dass das wohl kaum möglich ist, dann ergibt sich laut Kant für mich daraus die Pflicht, mich entsprechend zu verhalten und in betrunkenem Zustand nicht Auto zu fahren. In diesem Fall ist mein Handeln nicht nur legal, sondern zugleich moralisch.

Legalität, so kann man nach diesen Überlegungen sagen, wird durch Androhung von Strafe, also durch Abschreckung erzwungen. Gesetze sind so gesehen in erster Linie durch Angst abgesichert. Moralität wird demgegenüber durch eine von mir akzeptierte Norm gestützt. Ich gehorche dann, weil ich es, mit Kant gesprochen, als meine Pflicht erachte, so und nicht anders zu handeln. Das ist mehr als vom Gesetz geforderter, mir von außen aufgezwungener Gehorsam.

Kants Unterscheidung zwischen Legalität und Moralität steht offenbar im Hintergrund der von Arnold Gehlen vertretenen Ansicht, der Mensch bedürfe aufgrund seiner Weltoffenheit bestimmter Direktiven und Stabilisationskerne, und solche lägen mit Gesetzen, Institutionen und Moralsystemen vor, wobei Gesetze und Institutionen als Außenstützen fungieren, wohingegen die Moral das Verhalten von innen steuert. Damit ist bei Gehlen zugleich angedeutet, dass die Außensteuerung durch Gesetze und Institutionen und die Innensteuerung durch Moral sich nicht nur gegenseitig ergänzen, sondern dass gerade mit Hilfe der Innensteuerung die individuellen Interessen mit denen der Gesellschaft in Einklang gebracht werden können. Der „Hauptzweck der Moral" wäre es demnach, wie Bertrand Russell es auf den Punkt bringt, „ein den Interessen der Gruppe, nicht des Einzelnen, dienliches Verhalten zu fördern". Und das funktioniert, wie er in diesem Zusammenhang unterstreicht, am besten mit Hilfe des Gewissens. Unter Gewissen versteht er dabei „Lob und Tadel, die man sich bei Erwägung einer Handlung selbst erteilt".[164] Das Gewissen wird hier also nicht begriffen als Stimme Gottes im Menschen, sondern als Regulierungsinstrument, als innere Stimme, die sagt, was wir tun sollen und was wir nicht tun dürfen. So verstanden ist das Gewissen der Hort unserer Moralität, unserer moralischen Überzeugungen, der gesellschaftlichen Normen, die wir verinnerlicht und akzeptiert haben. Bei den meisten Menschen, so betont Russell, sind die Gewissensregungen nur Reflexe des Lobs und des Tadels ihrer jeweiligen Gemeinschaft, sind ihnen von allen möglichen Instanzen außerhalb ihrer selbst eingepflanzt worden: von den Eltern, den Lehrern, der Religion, den Bezugsgruppen (etwa Verbänden und Vereinen), von Traditionen sowie dem jeweiligen kulturellen Erbe. Und auch wenn sich die Gewissensinhalte von Mensch zu Mensch unterscheiden, so ist der Wirkmechanismus des Gewissens doch bei jedem von uns ein und derselbe. „Das Gewissen", schreibt Robert Levine, „ist so mächtig, weil es nicht allein Richter ist, sondern auch die Mittel besitzt [...], seine Urteile durchzusetzen."[165] Diese Mittel sind in der Hauptsache Schuldgefühle und Scham. Sie fungieren als „die Hüter der Verhaltensstandards, die die Gesellschaft von uns erwartet – der sogenannten sozialen Normen".[166] Zwar sind diese Normen nirgends kodifiziert, aber auch – und vielleicht gerade – als ungeschriebene Gesetze entfalten sie ihre Wirkung.

Denn wer gegen sie verstößt, muss nichts weniger fürchten, als mit scheelem, abschätzigem Blick beäugt, ausgegrenzt, verachtet, geächtet und im schlimmsten Fall sogar aus der Gemeinschaft ausgestoßen zu werden.

Vor allem in den USA werden in den letzten Jahren und Jahrzehnten bei der Strafverfolgung Scham und Schuldgefühle eingesetzt, um weitere Verbrechen zu verhindern. So werden zum Beispiel wegen sexuellen Missbrauchs von Kindern und Jugendlichen verurteilte Straftäter im Internet namhaft gemacht, so dass sich jeder rasch darüber informieren kann, ob in seiner Nachbarschaft oder seinem Wohnort einschlägig Vorbestrafte ansässig sind. In Seattle wurde eine Frau gar dazu verurteilt, ein Schild mit der Aufschrift „Ich wurde der sexuellen Belästigung von Kindern überführt" zu tragen.[167] Oder Autofahrer werden nach einem Trunkenheitsdelikt dazu gezwungen, an ihren Autos Aufkleber in leuchtenden Farben anzubringen, die sie als Alkoholsünder ausweisen. In South Carolina musste ein Mann zehn Tage mit einem Schild vor dem Gerichtsgebäude sitzen, auf dem „Ich bin betrunken Auto gefahren" zu lesen war. Und in Kalifornien wurden Ladendiebinnen dazu verurteilt, T-Shirts mit dem Aufdruck „Ich bin eine Diebin" zu tragen.

Man kann darüber streiten, ob solche Maßnahmen nicht zu krass und diskriminierend sind. Eines aber ist sicher – und bleibt von einer solchen Diskussion gänzlich unberührt: Bei den betreffenden Personen werden Schuldgefühle erzeugt, und die auf die genannten Arten bloßgestellten und der öffentlichen Ächtung ausgesetzten Menschen möchten in der Regel vor Scham am liebsten im Boden versinken. Genau das ist der Sinn der Übung: Ihre Regulierungsinstanz, also ihr Gewissen, wird aktiviert und erhebt nun Selbstanklage. In Zukunft wird es sich mancher gut überlegen, ob er sich erneut solchen Scham- und Schuldgefühlen aussetzt oder nicht lieber weitere Straftaten unterlässt – ein Indiz dafür, dass und wie die Innensteuerung durch Moral funktioniert. Diese Innensteuerung ist zugleich aber immer auch eine Form von Selbstmanipulation: Man kontrolliert und reguliert sein Handeln und Verhalten im Hinblick auf eine innere Stimme, die ihrerseits im Wesentlichen Reflex sozial akzeptierter Normen und Verhaltensstile ist.

„Ohne Grund macht niemand ein Geschenk": Die Reziprozitätsnorm

Arthur Schopenhauer erblickte im Egoismus die „Haupt- und Grundtriebfeder" im Menschen wie im Tier. Unter „Egoismus" verstand er dabei den Drang zum eigenen Dasein und Wohlsein. In subtilen Analysen legte er in seiner 1841 publizierten *Preisschrift über die Grundlage der Moral* dar, wie dieser Egoismus im zwischenmenschlichen Verkehr die unterschiedlichsten Formen des Übelwollens, der Gehässigkeit, der Bosheit, ja gar der Grausamkeit annehmen kann. Dermaßen umfassend und erschreckend erschien ihm dieses Pandämonium der „antimoralischen Triebfedern", dass er sich ernsthaft die Frage stellte, ob und wie es angesichts eines solch dominanten Egoismus überhaupt noch Handlungen von moralischem Wert geben könne. Und doch, meinte er, ließen sich solche in der alltäglichen Realität nachweisen. Erklären konnte er sich das nur dadurch, dass es sich dabei um Handlungen handeln musste, denen jegliche egoistische Motivation fehlte. Solche Handlungen, überlegte er, können nur dadurch zustande kommen, dass jemand ganz und gar von sich selbst absieht und nur das Wohl des anderen beziehungsweise die Minderung von dessen Leid im Auge hat. So beschaffene Handlungen nun sind für Schopenhauer Handlungen, die aus dem Mitleidsimpuls entspringen. Sie erfolgen seiner Überzeugung nach ohne jegliche egoistische Motivation, mithin vollkommen uneigennützig, altruistisch. Folglich – und das ist nur konsequent – erblickte er im Mitleid das Fundament der Moral.[168]

Was Schopenhauer dabei weitgehend übersah und verkannte, war, dass auch Handeln aus Mitleid nur zu oft durch egoistische Interessen motiviert ist. Nietzsche hat das mit einer Fülle von tiefschürfenden Analysen und entsprechenden Beispielen demonstriert.[169] Auf diesen Aspekt kommt es hier im Augenblick jedoch weniger an. Wichtiger ist ein Hinweis auf die spieltheoretischen Ergebnisse Robert Axelrods, denen zufolge sich altruistische Handlungs- und Verhaltensweisen noch schneller selbst zerstören als egoistische.[170] Am effektivsten und erfolgreichsten erwiesen sich seinen Experimenten und Untersuchungen zufolge kooperative Strategien, die auf der Regel „tit for tat" basieren: wie du mir, so ich dir. Bei dieser Strategie beginnt man mit Kooperation und hält so lange daran fest, wie der andere es auch tut. Wechselt dieser seine Strategie, tut man seinerseits das, was der andere getan hat. Kehrt dieser zur Kooperation zurück, kooperiert man ebenfalls wieder – und so fort. Wie Axelrods Testdurchgänge zeigen, ist diese Strategie selbst in einer Welt, die nur aus rücksichtslosen Egoisten besteht, erfolgreich. Irgendwann pendelt sich ein Gleichgewicht der Gegenseitigkeit, der Reziprozität, ein.

Axelrod gewann und formulierte damit eine Einsicht, die in der Ethnologie wie auch in den Sozialwissenschaften, der Psychologie und der Ethik eine überaus wichtige Rolle spielt: dass nämlich reziprokes Verhalten eine Grundbedingung sozialen Handelns darstellt. Für Ethnologen und Anthropologen ist klar, dass sich die Sphäre des Sozialen durch das Ritual von Gabe und Gegengabe konstituiert hat, ja dass der Mensch dadurch erst zum Menschen geworden ist. Vornehmlich Marcel Mauss, dem Begründer der französischen Ethnologie, ist es zu verdanken, die zivilisatorische Leistung des Gabentauschs herausgearbeitet zu haben. Statt sich gegenseitig ständig zu bekämpfen und umzubringen, so betont er in seinem 1925 erschienenen Werk *Die Gabe*, hätten es die Stämme, Clans und Völker bereits in grauer Vorzeit gelernt, sich mittels des Rituals von Schenken und Nehmen in zivilisierter Weise gegenüberzutreten.[171] Diese Praxis des Gabentauschs ist auf Gegenseitigkeit angelegt, nicht auf die Durchsetzung egoistischer Interessen. Ihre zivilisierende Wirkung wirft ein anderes Licht auf den Menschen, als es die Schopenhauer'sche These vom Menschen als einem in erster Linie gierig-egoistischen Wesen tut. Vor dem Hintergrund des real praktizierten Gabentauschs nämlich taugt diese These nur bedingt. Denn die sozialwissenschaftliche und psychologische Forschung hat gezeigt, dass die meisten Menschen trotz ihres Egoismus unter normalen Bedingungen auch von einem Gefühl von Recht und Billigkeit geleitet werden. Konkret bedeutet das: Wenn jemand etwas für uns tut, fühlen sich die meisten von uns verpflichtet, der betreffenden Person – als Ausgleich – etwas zurückzuerstatten, ihr ebenfalls etwas Gutes zu tun, ihr eben auch etwas zu schenken. Durch die Erfahrung, dass man etwas geschenkt bekommen hat, wird in uns eine Norm aktiviert, die wohl zu den mächtigsten und wirksamsten sozialen Normen zählt und die zudem, wie Alan Gouldner herausgefunden hat, in jeder Kultur zu finden ist: die Regel der Gegenseitigkeit oder Reziprozität.[172] Und die verlangt eben von uns, demjenigen, der uns etwas gegeben hat, etwas von vergleichbarem Wert zurückzugeben.

Solche Reziprozität lässt sich im sozialen Miteinander auf den unterschiedlichsten Ebenen und in den verschiedensten Lebenszusammenhängen nachweisen: auf Regierungsebene, bei Geschäftsvereinbarungen und Vertragsabschlüssen, im Wirtschaftsleben, in Freundschaften und Liebesbeziehungen.

Die Gabe, die jemand entgegennimmt, kann bei dem betreffenden Menschen unterschiedlichste Gefühle oder Reaktionen auslösen: Dankbarkeit etwa oder soziale Verantwortung, aber auch Schuldgefühle. Offenbar hat sich das Gesetz der Reziprozität im Laufe der Menschheitsgeschichte so tief in unsere Psyche eingegraben, dass man es mit gutem Grund als das moralische Gedächtnis des Menschen bezeichnen kann.[173]

Der US-amerikanische Sozialpsychologe Dennis T. Regan hat den Gegenseitigkeitseffekt 1971 im Rahmen einer einfachen Versuchsanordnung experimentell überprüft.[174] Er ließ Versuchspersonen paarweise an einer Scheinaufgabe arbeiten, durch die angeblich ihr Kunstverständnis gemessen werden sollte. In Wirklichkeit ging es wieder einmal mehr um etwas völlig anderes. Einer der Beteiligten war in Wahrheit ein für seine Mitwirkung bezahlter Schauspieler, der als Regans Assistent fungierte. Während einer Pause mitten in der Arbeit an der Scheinaufgabe verließ eben dieser Schauspieler für ein paar Minuten den Raum. Bei der Hälfte der Versuchspersonen kam er mit zwei Flaschen Coca-Cola zurück. Eine behielt er für sich, die andere schenkte er seinem Partner. Bei der anderen Hälfte der Versuchsteilnehmer – der Kontrollgruppe – kam unser Schauspieler ohne Cola für seinen Partner, also ohne Geschenk zurück.

Dann erst begann das eigentliche Experiment: Der Schauspieler bat die Teilnehmer beider Gruppen, ihm einen Gefallen zu tun. Er erzählte ihnen, er verkaufe Lose für eine Tombola, die von der Highschool seiner Heimatstadt veranstaltet werde. Und wer die meisten Lose verkaufe, erhalte einen Preis. Daraufhin fragte er die Versuchspersonen, ob sie so nett wären, ihm vielleicht ein Los oder gar mehrere Lose abzunehmen. Das Ergebnis dürfte nach den bisherigen Überlegungen nicht mehr allzu sehr überraschen: Unser Schauspieler verkaufte fast doppelt so viele Lose an diejenigen Versuchsteilnehmer, denen er zuvor eine Cola spendiert hatte. Die Gegenseitigkeit von Nehmen und Geben trat hier deutlich zutage, und für Regan war die Reziprozitätstheorie klar bestätigt.

Dieses Ergebnis überraschte ihn wenig. Überraschender und erstaunlicher war hingegen, mit welcher Stärke und Nachhaltigkeit der Gegenseitigkeitseffekt wirkte. In einer modifizierten Testreihe veränderte Regan die Sympathiewerte des Schauspielers. Und zwar war die Konstellation wie folgt: Als die Versuchspersonen ankamen, verließ die Empfangssekretärin den Raum, um etwas zu erledigen. Kurz darauf läutete das Telefon, und nach mehrmaligem Läuten nahm der instruierte Schauspieler das Gespräch entgegen. Bei der Hälfte der Fälle sollte er sympathisch wirken und antwortete daher dem Anrufer freundlich und höflich. Bei der anderen Hälfte sollte er unsympathisch wirken und begegnete ihm ungehobelt und grob. So gab er unwirsch zu verstehen, er sei nicht die Sekretärin, und legte mitten im Gespräch einfach auf, ohne sich von dem Anrufer zu verabschieden. Die Frage für Regan war: Wie wirkt sich sympathisches beziehungsweise unsympathisches Auftreten auf die Gegenseitigkeitsregel aus? Nun ist es eine Binsenweisheit und durch entsprechende Forschungen gut belegt, dass Menschen eher bereit sind, anderen einen Gefallen zu tun, wenn sie diese mögen. Daher war es nicht überraschend, dass der Schauspieler mehr Lose verkaufte, wenn er sympathisch wirkte. Aber das erstaunliche Resultat dieses modifizierten Testdurchlaufs war: Die Bedeutung von Freundlichkeit und sympathischer Wirkung verblasste im Vergleich zu der Bedeutung, die das unerwartete Geschenk der Cola hatte. Dieses Geschenk, so haben wir gehört, verdoppelte die Anzahl der verkauften Lose. Ungehobeltes Verhalten verringerte die Absatzquote hingegen nur um etwa zwanzig Prozent. Und wohl noch erstaunlicher und bemerkenswerter war, dass die Wirkung der Cola auf den Losverkauf unabhängig davon war, ob der Schauspieler sympathisch oder unsympathisch auftrat. Es spielte also keine Rolle, ob die Beschenkten ihren Wohltäter mochten oder nicht – sie schuldeten ihm etwas, folglich fühlten sie sich verpflichtet, ja geradezu gezwungen, ihm etwas zurückzugeben.

Genau hier liegt die Gefahr, die mit dem Gegenseitigkeitseffekt im Hinblick auf Verführung und Manipulation gegeben ist: Hat man erst einmal ein Geschenk angenommen, sitzt man in der Reziprozitätsfalle. Denn jetzt gebietet es die Reziprozitätsnorm, dem Geber seinerseits etwas anzubieten. Angesichts dieser Tatsache wundert es nicht, dass diese Norm ein beliebtes Werkzeug in den Händen all jener ist, die andere zu beeinflussen und bei ihnen ein bestimmtes Verhalten auszulösen versuchen. Der Formenvielfalt sind dabei kaum Grenzen gesetzt.[175] Im Vertrauen auf die Macht der Gegenseitigkeitsregel werden beispielsweise Bittschreiben unterschiedlichster Organisationen mit beigefügten kostenlosen Adressaufklebern oder Weihnachtsgrußkarten verschickt. Auch der Staubsaugervertreter, der anbietet, kostenlos den Wohnzimmerteppich zu säubern, hofft vom Gegenseitigkeitseffekt zu profitieren und das Haus am Ende mit einem Kaufvertrag zu verlassen. Ähnliches gilt für den Verkäufer, der sich intensiv um uns bemüht, uns seine Zeit schenkt – in unserer hektischen Gesellschaft ein überaus kostbares Geschenk! Auch er setzt auf die Wirksamkeit der Reziprozitätsregel, denn je mehr Zeit er uns schenkt, umso mehr fühlen wir uns verpflichtet, etwas zu kaufen – auch wenn wir das eigentlich gar nicht vorhatten.

So mag zwar in grauer Vorzeit der Gabentausch, das Ritual von Geben und Nehmen, ursprünglich ohne manipulative Absicht vonstattengegangen sein. Aber auch schon damals wird sich der Nehmende verpflichtet gefühlt haben, dem Gebenden etwas ähnlich Wertvolles zurückzugeben. Dieses Pflichtgefühl aber ist nichts anderes als eine Form der Innensteuerung durch Moral, denn schließlich orientiert man sich dabei an einer Norm – auch wenn diese unausgesprochen und nicht kodifiziert ist.

In Zeiten, in denen ökonomische Interessen unser gesellschaftliches Zusammenleben weitgehend bestimmen, bleibt uns wohl nichts anderes übrig, als uns die Mühe zu machen, Manipulatoren und professionelle Beeinflussungsstrategen von denen unterscheiden zu lernen, die mit ihren Gaben einfach nur der Reziprozitätsnorm genügen wollen. Aber auch hier dürfte es nicht verkehrt sein, das aus Mali stammende Sprichwort „Ohne Grund macht niemand ein Geschenk" im Ohr zu behalten.[176]

Resümee

Kommen wir abschließend zurück zu unseren Ausgangsfragen. Wie also steht es um unsere Überzeugung, wir könnten Täuschungen durchschauen, Trugbilder entlarven, der Verführung und Manipulation widerstehen? Wie steht es um unseren Anspruch, die Welt unvoreingenommen wahrzunehmen und aufzufassen, sie nicht durch eine rosarote Brille zu betrachten? Und wie steht es um unseren Glauben, unsere Willenssteuerung im Griff zu haben, die autonomen Akteure unseres Verhaltens und Handelns zu sein? Um es kurz und bündig auf den Punkt zu bringen: gar nicht gut! Zunächst, so konnten wir feststellen, belehren uns Sinnesphysiologie und Wahrnehmungspsychologie darüber, dass unsere sinnliche Wahrnehmung von einer Fülle von Determinanten abhängt, dass das, was wir als Welt und Wirklichkeit bezeichnen, das Ergebnis konstruktiver Aktivitäten unseres Erkenntnisapparats, unseres – wenn man so will – „Geistes" ist. Folglich können wir die Welt nie so wahrnehmen, wie sie „an sich" ist; vielmehr ist das, was uns als Wirklichkeit erscheint, immer das Resultat perspektivischer Brechung und selektiver Filterung.

Darüber hinaus führen einschlägige psychologische Experimente, Untersuchungen und Erhebungen uns überdeutlich vor Augen, dass wir nur allzu gern bereit sind, uns von Illusionen wie denen der eigenen Unverwundbarkeit und Überdurchschnittlichkeit bezirzen zu lassen und die Welt und die eigenen Lebensverhältnisse rosig zu tönen. Ferner täuschen und manipulieren wir uns in den unterschiedlichsten Lebenszusammenhängen gern und oft mit Hilfe von selbsterfüllenden Prophezeiungen oder dem Bestreben, eine als unangenehm empfundene Dissonanz zwischen Denken und Handeln in Konsonanz und Harmonie aufzulösen, mit dem Ergebnis, dass wir uns wieder eins mit uns selbst fühlen – allerdings auch und gerade um den Preis, die Dinge dadurch zu beschönigen, sie rosarot zu färben. Außerdem fälschen wir zuweilen gern unsere Vergangenheit, unsere Biographie – und damit auch die Biographien der mit uns verwobenen Personen – mittels der sogenannten narrativen Inversion, erzählen wir uns und anderen unsere Lebensgeschichte in der Regel doch so, wie sie uns im gegebenen Augenblick als akzeptabel erscheint. Darüber hinaus wird unser Denken, Fühlen, Wollen und Handeln gesteuert sowohl durch die Übernahme bestimmter Rollen – wie das Zimbardo-Experiment beweist – als auch durch unbewusste Informationsverarbeitung, die dazu führen kann, dass das, was wir erlebt, getan oder gedacht haben, bevor wir ein Urteil über einen Sachverhalt fällen, dieses Urteil nachhaltig beeinflusst. Darin bestätigt sich erneut, wie bereitwillig unser Geist sich betrügen, täuschen, manipulieren und verführen lässt.

Einen nicht unerheblichen Teil dazu tragen auch die Sprache und die alltägliche Kommunikation bei. Einerseits besitzen Sprache und Kommunikation ohne Frage welterschließende, Trug und Täuschung durchschauende Kraft. Andererseits aber können sie auch dazu verwendet und missbraucht werden, uns bestimmte Sachverhalte zu verheimlichen, uns den Blick auf die Welt durch geschickt aufgebaute und arrangierte Trugbilder zu verstellen, Vorurteile und Irrtümer zu erzeugen und zu festigen, ja uns in ausweglose Handlungsdilemmata zu bringen.

Aber damit nicht genug! Die Ergebnisse einschlägiger sozialpsychologischer Forschungen haben gezeigt, dass wir dem Einfluss von anderen Menschen oder bestimmten sozialen Situationen, wie sie beispielsweise Aschs oder Milgrams Experimente erzeugen, in weit stärkerem Ausmaß unterliegen, als wir uns eingestehen wollen und als uns lieb sein sollte. Nur zu leicht sind wir bereit, dem Druck der Gruppe oder dem allgemeinen Konsens nachzugeben oder als willfährige Handlanger von Autoritätspersonen zu fungieren. Und bei all dem versuchen wir auch noch, uns mit probaten Strategien selbst zu beschwichtigen.

Das dient zwar unserer Beruhigung, führt aber dazu, dass wir uns auf diese Weise gleich doppelt täuschen, betrügen und manipulieren. Seit alters her reklamieren Philosophen die Deutungs- und Erklärungshoheit für so ziemlich alles, was unser Weltverhältnis und Weltverständnis betrifft. Hinsichtlich der uns hier beschäftigenden Thematik ist das nicht anders. Und so wundert es nicht, dass sich im Verlauf der Geistesgeschichte immer wieder renommierte Vertreter des Fachs eingehend mit den Fragen beschäftigt haben, warum unsere Wahrnehmung der Welt trügt, warum wir so leicht zu täuschen und zu manipulieren sind, warum Verstand und Vernunft unseren Willen häufig nur schwer – und oft auch gar nicht – zu steuern vermögen.

Insbesondere die Philosophische Anthropologie des 20. Jahrhunderts, die mit dem Konzept der Weltoffenheit als dem spezifischen Kennzeichen des Menschen operiert, konnte zeigen, dass und wie wir Menschen eben aufgrund unserer Weltoffenheit *konstitutionell*, also von unserer anthropologischen Verfassung her, offen sind für Trug, Täuschung und Verführung. Ferner stellten Denker wie Leibniz und Nietzsche mit Nachdruck heraus, die Wahrnehmung, Vorstellung und Erkenntnis der Welt erfolge immer aus einem spezifischen, individuellen Blickwinkel, sei mithin stets perspektivisch gebrochen, sei – mit Nietzsche gesagt – das Resultat perspektivischer Schätzungen. Diese Gedanken griffen die moderne Erkenntnistheorie und Wissenschaftsphilosophie auf und arbeiteten heraus, dass es unvoreingenommene Wahrnehmung und Erkenntnis, eine gleichsam „reine", untrügliche Weltauffassung nicht geben kann, sind doch in all unsere Wahrnehmungen und Erkenntnisbemühungen – wie Karl Popper es formuliert hat – immer schon antizipierende Theorien eingebaut.

Überdies lenkte die neuzeitliche Philosophie das Augenmerk darauf, in welchem Ausmaß sich unsere Vorstellungen und Gedanken von „Vorurteilsgötzen", von Trugbildern und Chimären betören und von Blendwerken unterschiedlichster Art in die Irre führen lassen und wie sehr unser Intellekt insgesamt als Werkzeug unbewusster Willensregungen fungiert. Vor allem Schopenhauer und Nietzsche haben aufgezeigt, wie unser Intellekt, unbewusst gesteuert durch Willensregungen und Triebe, dergestalt getäuscht und betrogen wird, dass man kaum umhin kann, das, was wir von unserer Welt erkennen, als Resultat – um noch einmal Nietzsche zu bemühen – triebgesteuerter „Logisierung" und Strukturierung zu begreifen. Die Folge sind Verfälschungen, Trugbilder, Selbsttäuschungen und -manipulationen, falsche Schlüsse, illusionäre Konzeptionen und Wunschprojektionen, ja in einigen Fällen sogar Wahrnehmungsverweigerung und Nichtbeachtung des Realen.

Hinzu kommt ein Phänomen, dass man als Innensteuerung durch Moral bezeichnen kann. Dabei spielen Gewissensregungen, Scham und Schuldgefühle eine ebenso wichtige Rolle wie der selbstauferlegte Zwang, der Reziprozitätsnorm genügen zu müssen, ein Zwang, der offensichtlich zu stark ist, als dass man sich ihm auf Dauer widersetzen könnte. Innensteuerung durch Moral bezeichnet also eine nachhaltige Regulierung – und damit auch Manipulation – des Selbst durch eine innere Stimme, die als Sprachrohr gesellschaftlich akzeptierter Normen und Verhaltensweisen fungiert, die das Selbst als gültig anerkannt hat.

So wissen wir jetzt nicht nur, *dass* unsere Wahrnehmung der Welt trügt, *dass* wir in vielfältiger Weise manipuliert, getäuscht und verführt werden können, *dass* wir die Dinge nur allzu oft und allzu gern durch eine rosarote Brille betrachten, wir wissen nun auch, *warum* das so ist.

Anmerkungen

1 Grimm: *Deutsches Wörterbuch*. Bd. 25, Sp. 359–367.
2 Hier sei etwa auf folgende Werke hingewiesen: Allport: *Theories of Perception and the Concept of Structure*; Krech/Crutchfield: *Grundlagen der Psychologie*. Bd. 1, Kap. 2–5; Metzger: *Gesetze des Sehens*; Metzger/Erke (Hrsg.): *Wahrnehmung und Bewußtsein*; Stadler/Seeger/Raeithel: *Psychologie der Wahrnehmung*.
3 Krech/Crutchfield/Ballachey: *Individual in Society*, S. 20; hier zitiert nach Stadler/Seeger/Raeithel: *Psychologie der Wahrnehmung*, S. 223.
4 Lorenz: *Kants Lehre vom Apriorischen im Lichte gegenwärtiger Biologie*; Popper: *Objective Knowledge*; Vollmer: *Evolutionäre Erkenntnistheorie*; Riedl: *Biologie der Erkenntnis*.
5 Vollmer: *Evolutionäre Erkenntnistheorie*, S. 102.
6 Siehe zum Folgenden ebd., S. 43 ff.
7 Zusammenstellung der wesentlichen Ergebnisse ebd., S. 45 ff.
8 Frisch: *Aus dem Leben der Bienen*; ders.: *Tanzsprache und Orientierung der Bienen*.
9 Krech/Crutchfield: *Grundlagen der Psychologie*. Bd. 1, S. 155 ff.
10 Siehe ebd., S. 80.
11 Levine: *Die große Verführung*, S. 19. Zur Illusion der Unverwundbarkeit siehe auch Degen: *Die Illusion „mich trifft es nicht"*.
12 Snyder: *Unique Invulnerability*.
13 Weinstein: *Unrealistic Optimism about Susceptibility to Health Problems*; ferner ders.: *Optimistic Biases about Personal Risks*.
14 Levine: *Die große Verführung*, S. 20 ff.
15 Baker/Emery: *When Every Relationship is above Average*.
16 Burger/Palmer: *Changes in and Generalization of Unrealistic Optimism Following Experiences with Stressful Events*.
17 Heine/Lehmann: *Cultural Variation in Unrealistic Optimism*.
18 Levine: *Die große Verführung*, S. 25 ff.

19 Dunning/Kruger: *Unskilled and Unaware of It*; hier zitiert nach Levine: *Die große Verführung*, S. 28.
20 Ebd.
21 Watzlawick/Beavin/Jackson: *Menschliche Kommunikation*, S. 95 f.
22 Ebd., S. 96.
23 Popper: *Die offene Gesellschaft und ihre Feinde*. Bd. 1, S. 48.
24 Watzlawick: *Anleitung zum Unglücklichsein*, S. 57–61.
25 Ebd., S. 59.
26 Ebd., S. 60 f.
27 Ebd., S. 61.
28 Festinger: *A Theory of Cognitive Dissonance*. Siehe zum Folgenden ders./Carlsmith: *Cognitive Consequences of Forced Compliance*; Aronson/Wilson/Akert: *Sozialpsychologie*, S. 190 ff.; Levine: *Die große Verführung*, S. 286 ff.
29 Levine: *Die große Verführung*, S. 287.
30 Zimbardo: *The Mind is a Formidable Jailer*. Siehe auch ders./Gerrig: *Psychologie*, S. 411 ff.
31 Siehe dazu Schumacher: *Das betrogene Ich*.
32 Ebd., S. 27.
33 Welzer: *Das soziale Gedächtnis*.
34 Ders./Moller/Tschuggnall: „*Opa war kein Nazi*".
35 *Im Gedächtniswohnzimmer*.
36 Welzer: *Das kommunikative Gedächtnis*.
37 Ders.: *Schön unscharf*.
38 *Im Gedächtniswohnzimmer*, S. 43 f.
39 Noerretranders: *Spüre die Welt*, S. 191.
40 Trinker: *Aufnahme, Speicherung und Verarbeitung von Informationen durch den Menschen*.
41 Russell: *Autobiographie*. Bd. 2, S. 382.
42 Murphy/Zajonc: *Affect, Cognition and Awareness*.
43 Siehe auch das Skript zur Sendung: *Wie man sich täuschen kann!*, S. 13 ff.
44 Ebd., S. 15.
45 Higgins/Rholes/Jones: *Category Accessibility and Impression Formation*.
46 Rosenthal/Jacobson: *Pygmalion in the Classroom*.
47 Hurrelmann: *Unterrichtsorganisation und schulische Sozialisation*.
48 Born/Kraft: *Lernen im Schlaf – kein Traum*.
49 Aristoteles: *Politik*, 1253 a 9 f., S. 49.
50 Ders.: *Lehre vom Satz*. In: ders.: *Kategorien/Lehre vom Satz*, S. 95 ff.

Anmerkungen 189

51 *Funkkolleg Sprache*. Bd. 1, S. 27 ff.
52 Bühler: *Sprachtheorie*, S. 24 ff.
53 Schulz von Thun: *Miteinanderreden*. Bd. 1, S. 26 ff.
54 Watzlawick/Beavin/Jackson: *Menschliche Kommunikation*, S. 50 ff.
55 Bateson: *Ökologie des Geistes*, Teil III, S. 219 ff.
56 Watzlawick/Beavin/Jackson: *Menschliche Kommunikation*, S. 194 ff.
57 Ernst: *Was ist Kommunikationspsychologie?*, S. 62.
58 Watzlawick: *Anleitung zum Unglücklichsein*, S. 80.
59 Siehe zum Folgenden Tversky/Kahnemann: *Judgments of and by Representativeness*; Levine: *Die große Verführung*, S. 147 ff.; Paulus: *Das vorletzte Wort*.
60 Asch: *Effects of Group Pressure upon the Modification and Distortion of Judgements*. – Darstellungen und Analysen der Asch-Experimente finden sich beispielsweise in: Baus/Jacoby: *Sozialpsychologie der Schulklasse*, S. 146 ff.; Krech/Crutchfield: *Grundlagen der Psychologie*. Bd. 1, S. 522 ff.; Berkowitz: *Grundriß der Sozialpsychologie*, S. 113 f.
61 Decher: *Das gelbe Monster*, bes. S. 105 ff.
62 Levine: *Die große Verführung*, S. 206.
63 Fuller/Sheeley-Skeffington: *Effects of Group Laughter on Responses to Humorous Materials*. Siehe ferner Nosanchuk/Lightstone: *Canned Laughter and Public and Private Conformity*.
64 Levine: *Die große Verführung*, S. 206 f.
65 Ebd., S. 83.
66 Ebd.
67 Siehe dazu Decher: *Das gelbe Monster*, S. 147 ff.
68 Plutarch: *Lebensklugheit und Charakter*.
69 Bacon: *Über den Neid*. In: ders.: *Essays*, S. 31–37, S. 35.
70 Ebd.
71 Ebd.
72 Milgram: *Obedience to Authority*. Dt.: *Das Milgram-Experiment*. – Zu Milgrams Experimenten siehe auch Linsenmair/Mikula: *Funkkolleg Psychobiologie*. Studienbrief 8, S. 85 f.; Levine: *Die große Verführung*, S. 260 ff.
73 Ebd., S. 266.
74 Ebd., S. 263.
75 Platon: *Protagoras*. In: ders.: *Sämtliche Werke*. Bd. 1, S. 49–96, S. 62, 321 c.
76 Herder: *Abhandlung über den Ursprung der Sprache*, S. 21.
77 Ebd., S. 22.

78 Ders.: *Ideen zur Philosophie der Geschichte der Menschheit*. In: ders.: *Zur Philosophie der Geschichte*. Bd. 2, S. 5–668, S. 114.
79 Scheler: *Die Stellung des Menschen im Kosmos*, bes. S. 38 ff.
80 Ebd., S. 40.
81 Ebd.
82 Plessner: *Die Stufen des Organischen und der Mensch*, S. 288.
83 Ebd., S. 290.
84 Ebd.
85 Ebd., S. 342.
86 Ebd.
87 Nietzsche: *Sämtliche Werke*. Bd. 5, S. 81.
88 Gehlen: *Der Mensch*, bes. S. 31 ff.
89 Ebd., S. 32.
90 Ebd.
91 Siehe zum Folgenden ders.: *Anthropologische Forschung*; hier zitiert nach ders.: *Philosophische Anthropologie und Handlungslehre*, S. 154 ff.
92 Ebd., S. 163.
93 Herder: *Abhandlung über den Ursprung der Sprache*, S. 104 ff.
94 Ebd., S. 95 ff.
95 Humboldt: *Über die Verschiedenheit des menschlichen Sprachbaues und ihren Einfluß auf die geistige Entwicklung des Menschengeschlechts*, S. 191.
96 Siehe dazu Decher: *Wille zum Leben – Wille zur Macht*.
97 Nietzsche: *Sämtliche Werke*. Bd. 13, S. 261.
98 Ebd. Bd. 5, S. 55.
99 Ebd. Bd. 13, S. 260.
100 Ebd. Bd. 13, S. 36.
101 Ebd. Bd. 1, S. 881.
102 Ebd. Bd. 12, S. 193.
103 Leibniz: *Monadologie*. In: ders.: *Vernunftprinzipien der Natur und der Gnade / Monadologie*, S. 26–69, S. 27, § 3.
104 Ebd., S. 29, § 7.
105 Ebd., S. 53, § 57; siehe auch ders.: *Vernunftprinzipien der Natur und der Gnade*. In: ders.: *Vernunftprinzipien der Natur und der Gnade / Monadologie*, S. 2–25, S. 5, § 3.
106 Hier zitiert nach Heinekamp: *Gottfried Wilhelm Leibniz*, S. 289.
107 Nietzsche: *Sämtliche Werke*. Bd. 13, S. 326.
108 Ebd. Bd. 10, S. 651.
109 Ebd. Bd. 5, S. 53.

110 Ebd. Bd. 13, S. 271.
111 Ebd. Bd. 11, S. 209.
112 Ebd. Bd. 13, S. 302.
113 Ebd. Bd. 10, S. 253.
114 Ebd. Bd. 11, S. 578.
115 Ebd. Bd. 11, S. 185.
116 Ebd. Bd. 12, S. 25.
117 Ebd. Bd. 11, S. 701.
118 Ebd. Bd. 12, S. 315.
119 Ebd. Bd. 11, S. 135.
120 Ebd. Bd. 11, S. 262.
121 Ebd. Bd. 11, S. 159.
122 Ebd. Bd. 13, S. 271.
123 Ebd. Bd. 11, S. 285.
124 Popper: *Objektive Erkenntnis*, S. 61.
125 Ebd., S. 61 ff.
126 Ebd., S. 63.
127 Ebd., S. 64.
128 Ebd., S. 73.
129 Ebd., S. 72.
130 Ebd., S. 73.
131 Platon: *Politeia*. In: ders.: *Sämtliche Werke*. Bd. 3, S. 67–310, S. 196, 476 e f.
132 Descartes: *Die Prinzipien der Philosophie*, S. XLIII, Schreiben Descartes' an Picot.
133 Ebd., I. Teil, Nr. 7, S. 2.
134 Ebd., Nr. 9, S. 3.
135 Ebd., Nr. 34, S. 12.
136 Ebd., Nr. 3, S. 1.
137 Ebd., Nr. 44, S. 15.
138 Bacon: *Neues Organ der Wissenschaften*, 1. Buch, Nr. 38–68, S. 32–49.
139 Ebd., Nr. 49, S. 36.
140 Ebd., Nr. 42, S. 33.
141 Ebd., Nr. 66, S. 46.
142 Schopenhauer: *Die Welt als Wille und Vorstellung*. Bd. 2. In: ders.: *Sämtliche Werke*. Bd. 2, S. 259 ff.
143 Ebd., S. 279.
144 Ebd., S. 281.
145 Ebd.

146 Ebd.
147 Ebd.
148 Ebd. Bd. 1, S. 224 f.
149 Nietzsche: *Sämtliche Werke*. Bd. 11, S. 634 f.
150 Ebd. Bd. 11, S. 635.
151 Ebd. Bd. 11, S. 598.
152 Ebd. Bd. 11, S. 506.
153 Ebd. Bd. 5, S. 168.
154 Ebd. Bd. 1, S. 876.
155 Ebd. Bd. 5, S. 168.
156 Rosset: *Das Reale*.
157 Ders.: *Die Nichtbeachtung des Realen*. In: ders.: *Short Cuts*, S. 7–23, S. 8.
158 Ebd., S. 9 f.
159 Ebd., S. 14.
160 Ebd., S. 19.
161 Ders.: *Das Prinzip der hinreichenden Wirklichkeit*. In: ders.: *Short Cuts*, S. 24–52, S. 34.
162 Ebd., S. 40.
163 Kant: *Die Metaphysik der Sitten*, Einleitung, A B 6, ferner A B 15 und A B 27.
164 Russell: *Moral und Politik*, S. 69.
165 Levine: *Die große Verführung*, S. 280.
166 Ebd., S. 280 f.
167 Dieses und weitere Beispiele ebd., S. 283 f.
168 Schopenhauer: *Preisschrift über die Grundlage der Moral*. In: ders.: *Sämtliche Werke*. Bd. 3, S. 716 ff., §§ 13 ff.
169 Decher: *Der mitleidigste Mensch ist der beste Mensch?*
170 Axelrod: *Die Evolution der Kooperation*.
171 Mauss: *Die Gabe*. Siehe zu dieser Thematik auch Assheuer: *Edle Verschwendung*.
172 Gouldner: *The Norm of Reciprocity*.
173 Levine: *Die große Verführung*, S. 101.
174 Regan: *Effects of a Favor and Liking on Compliance*. Darstellung des Experiments bei Levine: *Die große Verführung*, S. 101.
175 Siehe dazu Levine: *Die große Verführung*, S. 107 ff.
176 Zitiert nach ebd., S. 133.

Literaturverzeichnis

Allport, F. H.: *Theories of Perception and the Concept of Structure*. New York 1955.
Aristoteles: *Kategorien/Lehre vom Satz*. Übers., mit einer Einleitung und erklärenden Anmerkungen versehen von E. Rolfes. Hamburg 1974.
Ders.: *Politik*. Übers. und hrsg. von O. Gigon. 3. Aufl., München 1978.
Aronson, E./Wilson, T. D./Akert, R. M.: *Sozialpsychologie*. München 2004.
Asch, S. E.: *Effects of Group Pressure upon the Modification and Distortion of Judgements*. In: Guetzkow, H. (Hrsg.): *Groups, Leadership and Men*. Pittsburgh 1951.
Assheuer, Th.: *Edle Verschwendung. Erst durch das Schenken wurde der Mensch zum Menschen. Eine kleine Philosophie der Gabe*. In: Die Zeit, Nr. 41, 4. Oktober 2007, S. 63 f.
Axelrod, R.: *Die Evolution der Kooperation*. München 1987.
Bacon, F.: *Neues Organ der Wissenschaften*. Übers. und hrsg. von A. Th. Brück. Darmstadt 1981.
Ders.: *Essays. Vollständige Ausgabe*. Hrsg. von L. L. Schücking. Aus dem Englischen von E. Schücking. 3. Aufl., Leipzig 1967.
Baker, L./Emery, R.: *When Every Relationship is above Average. Perceptions and Expectations of Divorce at the Time of Marriage*. In: Law and Behavior, 1993, 17, S. 439–450.
Bateson, G.: *Ökologie des Geistes. Anthropologische, psychologische, biologische und epistemologische Studien*. Frankfurt/Main 1985.
Baus, M./Jacoby, K.: *Sozialpsychologie der Schulklasse*. Bochum 1976.
Berkowitz, L.: *Grundriß der Sozialpsychologie*. Aus dem Amerikanischen übers. von H. D. Schmidt, M. Huber und R. Mielke. München 1976.
Born, J./Kraft, U.: *Lernen im Schlaf – kein Traum*. In: Spektrum der Wissenschaft, 2004, 11.
Bühler, K.: *Sprachtheorie. Die Darstellungsfunktion der Sprache*. Stuttgart 1978.

Burger, J. M./Palmer, M. C.: *Changes in and Generalization of Unrealistic Optimism Following Experiences with Stressful Events. Reactions to the 1989 California Earthquake.* In: Personality and Social Psychology Bulletin, 1992, 18, S. 39–43.

Decher, F.: *Das gelbe Monster. Neid als philosophisches Problem.* Springe 2005.

Ders.: *Der mitleidigste Mensch ist der beste Mensch? Ein Disput in Poppers Welt 3.* Essen 2008.

Ders.: *Wille zum Leben – Wille zur Macht. Eine Untersuchung zu Schopenhauer und Nietzsche.* Würzburg, Amsterdam 1984.

Degen, R.: *Die Illusion „mich trifft es nicht".* In: Psychologie heute, Oktober 1988, S. 48–55.

Descartes, R.: *Die Leidenschaften der Seele.* Hrsg. und übers. von K. Hammacher. 2. Aufl., Hamburg 1996.

Ders.: *Die Prinzipien der Philosophie.* Übers. und mit Anmerkungen versehen von A. Buchenau. 8., durchges. Aufl., Hamburg 1992.

Dunning, D./Kruger, J.: *Unskilled and Unaware of It. How Difficulties in Recognizing One's Own Incompetence Lead to Inflated Self-Assessments.* In: Journal of Personality and Social Psychology, 1997, 77, S. 1121–1134.

Ernst, H.: *Was ist Kommunikationspsychologie?* In: Psychologie heute, Oktober 1976, S. 62.

Festinger, L./Carlsmith, J. M.: *Cognitive Consequences of Forced Compliance.* In: Journal of Abnormal and Social Psychology, 1959, 58, S. 203–210.

Festinger, L.: *A Theory of Cognitive Dissonance.* Evanston 1957.

Frisch, K. von: *Aus dem Leben der Bienen.* 10. Aufl., Berlin u. a. 1993.

Ders.: *Tanzsprache und Orientierung der Bienen.* Berlin u. a. 1965.

Fuller, R. G./Sheeley-Skeffington, A.: *Effects of Group Laughter on Responses to Humorous Materials. A Replication and Extension.* In: Psychological Reports, 1975, 35, S. 531–534.

Funkkolleg Sprache. Eine Einführung in die moderne Linguistik. Bd. 1. Frankfurt/Main 1975.

Gehlen, A.: *Anthropologische Forschung.* Reinbek 1961.

Ders.: *Der Mensch. Seine Natur und seine Stellung in der Welt.* 12. Aufl., Wiesbaden 1978.

Ders.: *Philosophische Anthropologie und Handlungslehre* (Gesamtausgabe. Bd. 4). Frankfurt/Main 1983.

Gouldner, A. W.: *The Norm of Reciprocity. A Preliminary Statement.* In: American Sociological Review, 1960, 25, S. 161–178.

Grimm, J./Grimm, W.: *Deutsches Wörterbuch.* Leipzig 1956.

Heine, S. J./Lehmann, D. R.: *Cultural Variation in Unrealistic Optimism. Does* the West Feel More Vulnerable than the East? In: Journal of Personality and Social Psychology, 1995, 68, S. 595–607.

Heinekamp, A.: *Gottfried Wilhelm Leibniz.* In: *Klassiker des philosophischen Denkens.* Bd. 1. Hrsg. von N. Hoerster. 4. Aufl., München 1988, S. 378–404.

Herder, J. G.: *Abhandlung über den Ursprung der Sprache.* Hrsg. von H. D. Irmscher. Stuttgart 1975.

Ders.: *Zur Philosophie der Geschichte.* Bd. 2. Hrsg. von W. Harich. Berlin 1952.

Higgins, E. T./Rholes, W. S./Jones, C. R.: *Category Accessibility and Impression Formation.* In: Journal of Experimental Social Psychology, 1977, 13, S. 141–154.

Humboldt, W. von: *Über die Verschiedenheit des menschlichen Sprachbaues und ihren Einfluß auf die geistige Entwicklung des Menschengeschlechts.* Hrsg. von D. Di Cesare. Paderborn u. a. 1998.

Hurrelmann, K.: *Unterrichtorganisation und schulische Sozialisation.* Weinheim 1971.

Im Gedächtniswohnzimmer. Warum sind Bücher über die eigene Familiengeschichte so erfolgreich? Ein ZEIT-Gespräch mit dem Sozialpsychologen Harald Welzer über das private Erinnern. In: ZEITLITERATUR, März 2004, S. 43–46.

Kant, I.: *Die Metaphysik der Sitten.* Hrsg. von W. Weischedel (Werke in sechs Bänden. Bd. 4). Darmstadt 1983.

Krech, D./Crutchfield, R. S.: *Grundlagen der Psychologie.* 2 Bde. 6. Aufl., Weinheim, Basel 1974.

Krech, D./Crutchfield, R. S./Ballachey, E. L.: *Individual in Society.* A Textbook of Social Psychology. New York 1962.

Leibniz, G. W.: *Vernunftprinzipien der Natur und der Gnade/Monadologie.* Hrsg. von H. Herring. Hamburg 1956.

Levine, R.: *Die große Verführung. Psychologie der Manipulation.* Aus dem Amerikanischen von Ch. Broermann. 2. Aufl., München, Zürich 2006.

Linsenmair, C. E./Mikula, G.: *Funkkolleg Psychobiologie.* Studienbrief 8. Weinheim 1987.

Lorenz, K.: *Kants Lehre vom Apriorischen im Lichte gegenwärtiger Biologie.* In: Blätter für deutsche Philosophie, 1941, 1, S. 94–125.

Mauss, M: *Die Gabe. Form und Funktion des Austauschs in archaischen Gesellschaften.* Frankfurt/Main 1990.

Metzger, W.: *Gesetze des Sehens.* Frankfurt/Main 1953.

Ders./Erke, H. (Hrsg.): *Wahrnehmung und Bewußtsein* (Handbuch der Psychologie. Bd. 1/1). Göttingen 1966.

Milgram, St.: *Obedience to Authority. An Experimental View.* New York 1974. – Dt.: *Das Milgram-Experiment. Zur Gehorsamsbereitschaft gegenüber Autorität.* Reinbek 1982.

Murphy, S. T./Zajonc, R. B.: *Affect, Cognition and Awareness. Affective Priming with Optimal and Suboptimal Stimulus Exposures.* In: Journal of Personality and Social Psychology, 1993, 64, S. 723–739.

Nietzsche, F.: *Sämtliche Werke. Kritische Studienausgabe.* Hrsg. von G. Colli und M. Montinari. München, Berlin, New York 1980.

Noerretranders, T.: *Spüre die Welt. Die Wissenschaft des Bewußtseins.* Hamburg 1997.

Nosanchuk, T. A./Lightstone, J.: *Canned Laughter and Public and Private Conformity.* In: Journal of Personality and Social Psychology, 1974, 29, S. 153–156.

Paulus, J.: *Das vorletzte Wort. Über die Höhe einer Strafe entscheidet vor Gericht die Reihenfolge der Plädoyers.* In: Die Zeit, Nr. 43, 16. Oktober 2003.

Platon: *Sämtliche Werke.* Übers. von F. Schleiermacher. Hrsg. von W. F. Otto, E. Grassi und G. Plamböck. Hamburg 1975.

Plessner, H.: *Die Stufen des Organischen und der Mensch. Einleitung in die Philosophische Anthropologie.* 3., unveränd. Aufl., Berlin, New York 1975.

Plutarch: *Lebensklugheit und Charakter. Aus den „Moralia".* Ausgew., übers. und eingel. von R. Schottlaender. Leipzig 1979.

Popper, K. R.: *Objective Knowledge. An Evolutionary Approach.* Oxford 1972. – Dt.: *Objektive Erkenntnis. Ein evolutionärer Entwurf.* 4., verb. und erg. Aufl., Hamburg 1984.

Ders.: *Die offene Gesellschaft und ihre Feinde.* Bd. 1: *Der Zauber Platons.* 6. Aufl., München 1980.

Regan, D. T.: *Effects of a Favor and Liking on Compliance.* In: Journal of Experimental Social Psychology, 1971, 7, S. 627–639.

Riedl, R.: *Biologie der Erkenntnis. Die stammesgeschichtlichen Grundlagen der Vernunft.* Berlin, Hamburg 1979.

Rosenthal, R./Jacobson, L.: *Pygmalion in the Classroom. Teacher Expectations and Pupil's Intellectual Development.* New York 1968.

Rosset, C.: *Das Reale. Traktat über die Idiotie.* Frankfurt/Main 1988.

Ders.: *Short Cuts.* Hrsg. von H. Paris, P. Gente und M. Weinmann. Frankfurt/Main 2000.

Russell, B.: *Autobiographie.* Bd. 2: *1914–1944.* 2. Aufl., Frankfurt/Main 1978.

Ders.: *Moral und Politik.* Frankfurt/Main 1988.

Scheler, M.: *Die Stellung des Menschen im Kosmos.* 9. Aufl., Bern, München 1978.

Schopenhauer, A.: *Sämtliche Werke.* Hrsg. von W. von Löhneysen. Darmstadt 1980.

Schulz von Thun, F.: *Miteinanderreden.* Bd.1. Reinbek 1981.

Schumacher, A.: *Das betrogene Ich.* In: Sentker, A./Wigger, F. (Hrsg.): *Rätsel Ich. Gehirn, Gefühl, Bewusstsein.* Berlin, Heidelberg 2007, S. 27–33.

Snyder, C. R.: *Unique Invulnerability. A Classroom Demonstration in Estimating Personal Mortality.* In: Teaching Psychology, 1997, 25, S. 197 ff.

Stadler, M./Seeger, F./Raeithel, A.: *Psychologie der Wahrnehmung.* 2. Aufl., München 1977.

Trinker, D.: *Aufnahme, Speicherung und Verarbeitung von Informationen durch den Menschen.* Kiel 1966.

Tversky, A./Kahneman, D.: *Judgments of and by Representativeness.* In: Kahneman, D./Slovis, P./Tversky, A. (Hrsg.): *Judgment under Uncertainty. Heuristics and Biases.* Cambridge 1982, S. 84–98.

Vollmer, G.: *Evolutionäre Erkenntnistheorie. Angeborene Erkenntnisstrukturen im Kontext von Biologie, Psychologie, Linguistik, Philosophie und Wissenschaftstheorie.* 8. Aufl., Stuttgart, Leipzig 2002.

Watzlawick, P.: *Anleitung zum Unglücklichsein.* 16. Aufl., München, Zürich 1997.

Ders./Beavin, J. H./Jackson, D. D.: *Menschliche Kommunikation. Formen, Störungen, Paradoxien.* 4., unveränd. Aufl., Bern, Stuttgart, Wien 1974.

Ders.: *Wenn die Lösung das Problem ist.* Vortrag in der Teleakademie 1987.

Weinstein, N. D.: *Optimistic Biases about Personal Risks.* In: Science, 1989, 246, S. 1232 ff.

Ders.: *Unrealistic Optimism about Susceptibility to Health Problems. Conclusions from a Community-Wide Sample.* In: Journal of Behavioral Medicine, 1987, 10, S. 481–500.

Welzer, H.: *Das kommunikative Gedächtnis. Eine Theorie der Erinnerung.* München 2002.

Ders.: *Das soziale Gedächtnis. Geschichte, Erinnerung, Tradierung.* Hamburg 2001.

Ders./Moller, S./Tschuggnall, K.: *„Opa war kein Nazi". Nationalsozialismus und Holocaust im Familiengedächtnis.* Frankfurt/Main 2002.

Ders.: *Schön unscharf. Über die Konjunktur der Familien- und Generationenromane.* In: Mittelweg, 2004, 36, Nr. 1, S. 53–64.

Wie man sich täuschen kann! Hrsg. vom Westdeutschen Rundfunk Köln, September 2007.

Zimbardo, Ph. G.: *The Mind is a Formidable Jailer. A Pirandellian Prison.* In: New York Times Magazine, 8. April 1973, S. 38–57.

Ders./Gerrig, R. J.: *Psychologie*. Hrsg. von S. Hoppe-Graff und I. Engel. Übers. von J. Baur, F. Jacobi und M. Russ. 7. Aufl., Berlin, Heidelberg, New York 1999.

Abbildungsnachweis

Abb. 1, 2, 3: Wissenschaftliche Buchgesellschaft Darmstadt
Abb. 4: http://de.wikipedia.org/wiki/Datei:Cup_or_faces_paradox.svg
  (Vorlage: Bryan Derksen)
Abb. 5a: http://de.wikipedia.org/wiki/Datei:Penrose-dreieck.svg
  (Vorlage: Tobias R. – Metoc)
Abb. 5b: http://de.wikipedia.org/w/index.php?title=Datei:
  Impossible_staircase.svg&filetimestamp=20060530134420
  (Vorlage: Sakurambo)
Abb. 6: ullstein Bild – Jaanson(L)

Personenregister

Aphrodite 67
Aristoteles 70 ff., 143, 155, 163
Asch, Salomon 86 ff., 184
Axelrod, Robert 177

Bacon, Francis 12, 96, 149 ff.
Ballachey, E. L. 25
Barnum, Phineas Taylor 92
Bateson, Gregory 78, 80, 81
Beavin, Janet 44, 78, 80
Bühler, Karl 73 f.

Carlsmith, J. Merrill 51 ff.
Cassirer, Ernst 110
Condillac, Etienne Bonnot de 134
Crutchfield, Richard S. 25

Demokrit 134
Descartes, René 12, 28, 143–149
Dunning, David 43

Englich, Birte 85 f.
Epikur 134
Escher, Maurits C. 22

Fast, Nathanael 42
Festinger, Leon 51 f.
Förster, Jens 65
Freud, Sigmund 155, 157

Friedman, Ron 66
Frisch, Karl von 31

Gehlen, Arnold 107, 113 ff., 173 f.
Gerber, Joseph 42
Gouldner, Alan W. 178
Grimm, Jacob 14
Grimm, Wilhelm 14

Hegel, Georg Wilhelm Friedrich 124
Herder, Johann Gottfried 107–110, 116–119
Higgins, E. T. 66
Hirschbiegel, Oliver 54
Humboldt, Wilhelm von 117 ff.
Hume, David 134, 136
Hurrelmann, Klaus 67

Iokaste 45 f.

Jackson, Don 44, 78, 80
Jacobson, Lenore 67
Jones, C. R. 66

Kahnemann, Daniel 83 f.
Kant, Immanuel 29 f., 49, 172 f.
Kekulé von Stradonitz, Friedrich 68
Kissinger, Henry 93 f.
Krech, David 25

Kreon 46
Kruger, Joseph 43

Laios 45 f.
Leibniz, Gottfried Wilhelm 12, 15, 123–125, 152, 185
Levine, Robert 36, 38–44, 50, 92–94, 102 f., 174
Lévi-Strauss, Claude 115
Locke, John 134
Loftus, Elizabeth 57 f.
Lorenz, Konrad 26

Mantell, David 102
Mauss, Marcel 177
Mendelejew, Dimitri Iwanowitsch 68
Milgram, Stanley 90, 97 f., 100 ff., 184
Moller, Sabine 59
Murphy, S. T. 64
Murray, Gilbert 63
Mussweiler, Thomas 85

Nietzsche, Friedrich 12, 15, 26, 113 f., 119 ff., 125 ff., 137, 149, 163–169, 171, 176, 185 f.
Nixon, Richard 93

Ödipus 45 f., 49
Ovid 67

Packard, Vance 62
Platon 107, 143
Plessner, Helmuth 110 ff.
Plutarch 94 f.
Popper, Karl Raimund 12, 26, 46, 33 ff., 185
Protagoras 107
Proust, Marcel 168
Pygmalion 62, 67 f.

Reagan, Ronald 58 f.
Regan, Dennis T. 178 f.
Rholes, W. S. 66
Riedl, Rupert 26
Rorschach, Hermann 34
Rosenthal, Robert 67
Rosset, Clément 12, 168 ff.
Russell, Bertrand 63 f., 66, 124, 174

Scheler, Max 109 f., 114
Schopenhauer, Arthur 12, 15, 26, 125, 149, 154 ff., 167, 176 f., 185
Schulz von Thun, Friedemann 75 ff., 79
Shaw, George Bernard 39
Snyder, Rick 37–39
Strack, Fritz 85
Stratton, G. M. 32

Thadden, Elisabeth von 59 f.
Thomas von Aquin 134
Tschuggnall, Karoline 59
Tversky, Amos 83 f.

Uexküll, Jakob von 28

Vollmer, Gerhard 26, 28

Watzlawick, Paul 12, 44–48, 78 ff., 140
Weinstein, N. D. 38 f.
Welzer, Harald 58 ff.
Wicki, Bernhard 59

Yogeshwar, Ranga 64
Young, Edward 40

Zajonc, R. B. 64
Zimbardo, Philip 53 ff., 149, 184